LE DERNIER
DES MÉTIERS

A Jacques-Laurent Bost

« *Le dernier des Métiers* » (1) (*dont je dois le titre à mon ami Jacques-Laurent Bost*) *fut écrit pour compléter le spectacle que devait monter Reybaz aux Noctambules,* L'équarrissage *ne durant qu'une heure et quart environ. Cependant le Directeur des Noctambules, choqué par le ton hautement profanatoire de cette tragédie, insista délicatement pour qu'on joue autre chose en complément et devant cette réaction d'honnête homme, Reybaz, le plaisantin, s'inclina, dominé.*

(1) *Le Dernier des Métiers* a été représenté pour la première fois en octobre 1964, au Théâtre de la Grande-Séverine, à Paris, dans une mise en scène de Nicolas Bataille.

DÉCOR

Loge du Père Saureilles, comme la loge d'une grande comédienne, avec au fond une glace devant une table à maquiller. A droite, une penderie pleine de chasubles et étoffes, couleurs vives. Au centre gauche, un fauteuil spécial-confessionnal avec oreillettes et tablette, et grille à guichet et battoir à pénitence; avec des fleurs un peu partout, des photos dédicacées, des cartes de visite, des affiches théâtrales. Atmosphère intime et sordide.

PERSONNAGES

JONAS,

sacristain (65 ans).

JEANNOT, VICTOR, TOTOLE,

boys-scouts (10 à 15 ans).

LE REPORTER DE LA RADIO

(52 ans).

LE RÉVÉREND PÈRE SAUREILLES

(50 ans).

L'AGENT

(25 ans).

SCÈNE PREMIÈRE

JONAS, JEANNOT.

Le sacristain, assis à droite, tricote une immense chaussette. Tel qu'il est installé, on peut le prendre pour une vieille bonne femme. Un petit boy-scout, Jeannot, arrange les corbeilles de fleurs. Bruits d'applaudissements venant de la gauche. Ils tendent tous deux l'oreille du même geste et sourient. Le petit Jeannot passe vers la droite et rapporte une dernière corbeille de fleurs. Le sacristain le suit des yeux avec un bon sourire.

JEANNOT

C'est la dernière...

JONAS

Ah, tu as bien travaillé, mon coco. Que de fleurs, mon Dieu! Que de fleurs!... Quel succès!... Mais aussi, quel talent extraordinaire!...

JEANNOT

Jamais il n'y a eu autant de monde... Ils ont de la veine Totole et Victor!

JONAS (*gâtifiant*)

Quel talent!... Quel incomparable talent!...

(*Bouffée d'applaudissements venant de la gauche. Ils prêtent l'oreille.*)

JEANNOT

C'est un gros succès, n'est-ce pas, Monsieur Jonas. Mais dites-moi, c'est pour qui, cette grande chaussette?

JONAS

(*Il l'élève devant lui.*)

C'est pour les pauvres, mon petit Jeannot. Hein qu'elle est belle, ma chaussette?

JEANNOT

Ah oui, alors... on pourrait y faire tenir un V. P. C'est pour faire votre B. A. que vous la tricotez?

JONAS

Mais oui, mais oui...

JEANNOT

Alors vous faites des B. A. vous aussi?

JONAS

Mais oui, mais oui...

JEANNOT

Et vous vous levez aussi dans le métro pour donner votre place aux vieilles dames?

JONAS

Mais oui... Ah, toi, je suis sûr que tu te précipites pour prendre toutes les places libres et pour pouvoir les donner aux vieilles dames ensuite.

JEANNOT (*baissant la tête*)

Oui, m'sieu Jonas... Est-ce que c'est mal?

JONAS

(*Il glapit.*)

C'est très bien... c'est très bien... nous l'avons tous fait. J'ai été scout, moi aussi... Castor lève la...

JEANNOT (*salue en hurlant*)

Queue!...

(*Ils rient.*)

JONAS

Hi... Hi... Hi... C'est ça... Ah Jeunesse! Et tu vois, j'ai fait ma B. A. tous les jours depuis le temps où j'étais louveteau comme toi...

JEANNOT (*admiratif*)

Tous les jours?... C'est que ça doit en faire des B. A.

JONAS (*flatté*)

Hé... Ça en fait...

(*Il compte sur ses doigts, puis s'arrête.*)

Ça en fait beaucoup. Mais tu vois, maintenant, je suis très vieux, alors

(*Il montre la chaussette.*)

j'en tricote des qui me durent plusieurs jours...

JEANNOT (*pénétré*)

Et puis, rien ne peut être trop grand pour un pauvre, n'est-ce pas Monsieur Jonas?...

JONAS

Ça oui... Oui, c'est sûr... Les pauvres sont nos frères en Jésus-Christ.

JEANNOT (*se signe*)

Ainsi soit-il.

(*Applaudissements. Ils prêtent l'oreille de façon synchrone. Puis coups à la porte à droite. Ils prêtent l'oreille à droite en deux mouvements symétriques.*)

J'y vais, Monsieur Jonas.

SCÈNE II

JONAS, JEANNOT, LE RADIO-REPORTER (*entre chargé de fils, d'appareils, de micro, etc.*).

LE REPORTER (*s'adressant au Sacristain*)

Bonjour Madame... Je viens pour l'interview du Révérend Père...

JEANNOT (*plein de bonne volonté*)

Je vais vous aider, Monsieur.

(*Il l'aide et, maladroit, fout tout par terre.*)

JONAS

Voyons, Jeannot, fais attention!...

LE REPORTER (*atterré*)

Oh! C'est un désastre!... Tout doit être cassé!

JEANNOT

Mais non... Mais non... C'est rien M'sieu!... Je vais tout arranger!...

JONAS

Saureilles parle encore. Attendez quelques minutes.

LE REPORTER

(commence à monter son matériel apr ès l'avoir examiné.)

J'espère que ça n'est pas grave... Est-ce qu'il y a une prise de courant par ici?

JEANNOT

Oui, oui. Je vais vous montrer... Par ici.

(Il remonte vers le fond gauche de la table à maquiller, le reporter le suit et s'arrête devant une affiche.)

LE REPORTER

Ah, celle-là... Je me souviens... Quel succès!

JONAS

Oui, oui... Quel succès! Une des meilleures créations, Monsieur!...

LE REPORTER (*poli*)

N'est-ce pas, Madame? Quelle inoubliable composition!

JONAS

Inoubliable! Mais pourquoi m'appelez-vous Madame?

LE REPORTER (*embarrassé*)

Euh!... Je croyais... vous n'êtes pas l'habilleuse?

JONAS (*tricotant avec rage*)

Enfin!... Est-ce que j'ai l'air d'une femme?

LE REPORTER

Oui.

JONAS (*vexé*)

Eh bien... heu... ce n'est pas la première fois qu'on me le dit.

JEANNOT (*au reporter*)

M'sieu, vous n'auriez pas un tournevis?

LE REPORTER (*inquiet*)

Un tournevis? Qu'est-ce que tu veux faire avec un tournevis?

JEANNOT (*brandit la fiche*)

C'est votre prise qui s'est détachée. Regardez! Elle ne tenait plus du tout...

LE REPORTER (*navré*)

Oh! encore autre chose!...

(*Il regarde sa montre.*)

Déjà cette heure-là? Et moi qui dois être sur l'antenne dans dix minutes!
Tu es sûr que tu vas savoir arranger ça?

(*Il cherche un tournevis.*)

JEANNOT (*très capable*)

Oh oui, M'sieur!...

(*Il montre sa manche.*)

Vous voyez? J'ai déjà mes badges de bricoleur, de conducteur de locomotive, de terrassier, de nœuds, de code morse...

LE REPORTER (*intéressé*)

Ah? Tiens, on fait encore tout ça aux scouts? Les nœuds et le morse aussi? Dis-donc... Est-ce que tu sais faire le nœud double des marins suédois?

JEANNOT

Bien sûr... Et vous... Est-ce que vous connaissez le nœud péruvien? Pour entraver les lamas au pâturage?

LE REPORTER (*passionné*)

Mais non... Qu'est-ce que c'est que ça? C'est nouveau? Qu'est-ce qu'on peut apprendre, aux scouts!... hein! Tu veux me le montrer?

JEANNOT (*important*)

Je veux bien, mais vous savez, c'est difficile à faire... vous avez une ficelle?

LE REPORTER (*tend le fil électrique*)

Tiens, montre-moi avec ça...

JEANNOT
(*pose la fiche et prend le fil*)

Voilà, tenez... D'abord vous prenez le premier brin... et puis vous le posez sur le second... et vous faites un double retournement croisé, comme ça...

(*Il se contorsionne affreusement.*)

Ah, c'est pas commode... votre fil est trop long...

LE REPORTER
(*prend une pince dans sa poche et coupe.*)

Tiens, on n'a qu'à en couper un bout comme ça...

(*Bruits d'applaudissements. Tous trois prêtent l'oreille.*)

JONAS (*ravi*)

Ah quel triomphe! C'est encore mieux que dimanche dernier à la Madeleine!

LE REPORTER
(*Il se rappelle qu'il est là pour travailler*)

(*Pendant ce temps, Jeannot coupe tout et s'entortille plus ou moins dans ce qui traîne.*)

La Madeleine?
Bon sang! Mon émission!... Mais... Qu'est-ce que tu fabriques?

JEANNOT (*piteux*)

Je ne me rappelle plus très bien... Je crois que j'ai confondu avec le nœud chinois à raccommoder les jonques...

LE REPORTER (*affolé*)

Mon fil... Mon fil... Ah jamais je ne vais passer à l'heure!

(*Il court partout.*)

JEANNOT

Je vais vous aider, M'sieur... Ça va me faire une B. A. de plus.

LE REPORTER

Oui... Oui... Un tournevis... Pendant ce temps-là, tu vas remettre les fils bout à bout.

(*Activité fébrile.*)

JEANNOT

Vous inquiétez pas, M'sieur... J'ai aussi ma badge d'électricien.

(*Rumeur immense à gauche. Tonnerre d'applaudissements.*)

JONAS

Ça doit être la fin de la première partie...

(*En un temps record, le reporter réussit, malgré Jeannot, à remettre tout en place. Puis arrive en trombe le Révérend Père Saureilles, suivi de deux enfants de chœur, Victor et Totole, qui vont se déshabiller et reparaître en scouts.*)

VICTOR ET TOTOLE

Hirondelles n'aiment qu'a...

JEANNOT

Zur!

(*Jonas pose son tricot et se lève.*)

SCÈNE III

JONAS, JEANNOT, LE REPORTER, R. P. SAUREILLES, VICTOR, TOTOLE.

SAUREILLES

(*pétulant, soutane au vent, manchettes, etc. Il s'assied, s'évente, se relève, etc.*)

Bonjour, boujour tous!... Quel monde! Quel monde! C'est fou!...

JONAS
(*empressé le déshabille en marche*)

Quelle gloire, mon curé!

SAUREILLES

Aujourd'hui je les tenais... Jamais je ne les ai tenus comme ça!... Je sentais la salle entière vibrer entre mes mains!... Ah! Quelle sensation, de voir cette foule communier dans l'admiration, le respect de Dieu, à travers ce texte sublime de Roger Vailland!...

(*A Jonas.*)

Attention Jonas! Tu me fais mal!... Mais qui est ce jeune homme?

LE REPORTER (*un pas en avant*)

Monsieur... pardon... Mon Rérévend Père... Je viens de la Radiodiffusion française pour l'interviève à laquelle vous avez bien voulu vous soumettre...

SAUREILLES (*gamin*)

Ah, je n'y pensais plus. Vous allez être gentil... Laissez-moi récupérer une minute... Je suis brisé... Cette vie de prêcheur est si émouvante! Si pleine!...

(*Il s'étale dans le fauteuil. Jonas lui apporte un miroir, il se regarde. Puis Victor et Totole présentent l'éponge, la cuvette et Jeannot la serviette. Il crache comme un boxeur, rince son protège-dents, etc.*)

LE REPORTER

Mais certainement, mon Révérend Père, certainement... Prenez votre temps, je vous en prie...

SAUREILLES (*à Victor*)

Victor, mon petit chou, offre un verre de vin à ce Monsieur

(*Il minaude encore une fois devant la glace avant de la rendre à Jonas.*)

Tiens Jonas... Reprends ça... Je vieillis... Je suis horrible... Un peu de poudre, je te prie...

VICTOR

(*Il salue.*)

De quel vin, Monsieur le Curé?

SAUREILLES

Du bon... Du vin de Carême... Dans la grande bouteille. Et prends les verres à pied... Tu m'en donneras un doigt.

(*Il s'évente avec sa barrette.*)

Mon Dieu, Mon Dieu! Quelles sont ces jolies fleurs?

(*Il s'est levé et joint les mains.*)

Mes ouailles ont encore fait des folies!...

(*Il les respire.*)

Que ça sent bon... c'est exquis... Ah les fleurs!...

JONAS (*revient*)

Levez les bras, mon Curé. Vous n'avez que dix minutes avant la seconde partie.

(*Victor apporte le vin au reporter et attend avec l'autre verre tandis que Jeannot et Totole jouent à faire des nœuds invraisemblables avec une embrasse de rideau grosse comme un câble.*)

SAUREILLES (*à Jonas*)

Mais qui me les envoie?
Oh, ils attendront au besoin...

(*Il lit la carte.*)

Petit-Escourole... Oh c'est la baronne! Jonas, quel succès!... Cette dame ne vient que très rarement... C'est la gloire... Et des fleurs!...

(*Il génuflexe.*)

Merci, mon Dieu!... Victor, remplis le verre de Monsieur.

(*Il boit.*)

Et le mien...

VICTOR

Oui, Monsieur le Curé.

SAUREILLES (*à Jeannot et Totole*)

Mais, qu'est-ce que vous faites encore, vous deux?

TOTOLE

Des nœuds de jambe de chien australien, M'sieu.

SAUREILLES

Allons, allons, mes petits, rendez-vous utiles... Aidez ce monsieur.

(*Il lève les bras. Jonas monté sur le fauteuil lui retire sa soutane et Saureilles paraît en caleçon à pois.*)

Jonas!... Tu me chatouilles, grande bête!...

JONAS

Oh, pardon, mon Curé... Je vous demande pardon... C'est que je vieillis...

SAUREILLES

Mais non, mais non... Croyez-vous... C'est fou... Jonas a la manie de croire qu'il vieillit... Et il se porte comme au jour de ses vingt ans... Il est plus jeune que moi... C'est inouï... Et, que vouliez-vous me demander, mon enfant?

LE REPORTER

Mon Révérend Père...

(*Il regarde sa montre.*)

C'est que... Ça devrait passer en direct... et il est presque l'heure.

SAUREILLES

Mais c'est très bien, c'est parfait... Je suis à vous.

(*Il rit.*)

Mon Dieu, Mon Dieu!... Quelles bêtises n'allez-vous pas me faire dire!... J'adore la radio, on peut raconter n'importe quoi... C'est si merveilleux... Et penser à tous ces gens invisibles qui vous écoutent... C'est sublime!

(*Jonas lui présente une soutane rouge.*)

Ah non, Jonas! Pas celle-là! ça me va affreusement mal au teint... Tu le sais bien, voyons... Oh...

(*Il s'effondre à nouveau.*)

Je suis brisé... Donne-moi la jaune. Quel métier!...

JONAS
(*revient avec la jaune et le reprend*)

Quel art, mon Curé!... Vous voulez dire quel art!...

SAUREILLES
(*passe la soutane; complaisant*)

Si tu veux, Jonas, si tu veux... c'est peut-être un art.

LE REPORTER

Monsieur le Curé, je vais être obligé de commencer.

SAUREILLES
(*tapote sa soutane et s'assied dans le fauteuil. Il croise les jambes.*)

Je vous en prie...

LE REPORTER (*prenant le micro*)

Allo! Le centre? Dudognon? Salut, vieux... Tu es prêt? Cinq... quatre... trois... deux...

SAUREILLES (*la main au cœur, l'arrête*)

Un instant!... Un instant...

LE REPORTER (*au micro*)

Ne quitte pas... attends...

(*A Saureilles.*)

Mon Révérend, Dudognon attend.

SAUREILLES (*minaude*)

Qu'allez-vous me demander, mon petit?

LE REPORTER

Eh bien... Je pensais... Quelques questions sur votre enfance... La naissance de votre vocation...

SAUREILLES

Oh! C'est charmant!... C'est si jeune! En somme, vous me demandez de me confesser?

LE REPORTER

C'est cela même.

SAUREILLES (*bat des mains*)

Que c'est amusant! Eh bien...

(*Il se lève.*)

Passez de mon côté... Moi je passe de l'autre. Oh que c'est drôle!... Une confession!...

LE REPORTER

Je peux commencer?

SAUREILLES
(*s'installe à genoux sur la planchette*)

Voilà, j'y suis.

(*Les petits scouts ont abandonné la corde et jouent au code morse en sourdine avec des sifflets.*)

LE REPORTER (*au micro*)

Tu y es, Dudognon?... Bon... Cinq, quatre, trois, deux...

SAUREILLES (*sautant*)

Attendez une seconde... Je vous en prie... Je crois que j'ai le trac!... Mais, oui, c'est bien ça... Un trac fou... Je suis enroué!...

(*Il tousse.*)

Ce n'est rien... Un chat dans la gorge... C'est drôle... Je peux parler devant des milliers de gens... Mais cette petite boule noire... C'est si émotionnant!... Victor!...

VICTOR

Oui, M'sieur le Curé?

SAUREILLES

Redonne-nous du vin.

(*Victor se rue, ils boivent.*)

Ah! Je suis à vous.

LE REPORTER

Dudognon? Tu es là? Cinq, quatre, trois, deux... un...

(*Sa voix change, devient très basse et respectueuse.*)

Eh bien, mes chers auditeurs, nous avons, aujourd'hui, transporté pour vous notre micro dans la loge du Révérend Père Saureilles, qui triomphe chaque dimanche, comme vous le savez tous, dans ses interprétations des prêches de nos meilleurs auteurs religieux contemporains : Henri Pichenette, Ghelderode, André Flique, Jean Genêt, Jean-Jacques Gauthier, Gabriel Pommerand, etc. Mon Révérend Père, voulez-vous dire bonjour à nos auditeurs?

(*Il approche le micro de la grille.*)

SAUREILLES (*voix étranglée*)

Bonjour, bonjour... mes enfants... hum... Je suis heureux de vous souhaiter à tous un bon dimanche.

LE REPORTER (*volubile*)

Merci, mon Père, Merci. Eh bien, je crois que nos auditeurs seraient très intéressés si vous pouviez leur dire en quelques mots ce qui vous a décidé à embrasser la carrière religieuse, n'est-ce pas... Mon Révérend Père?

SAUREILLES (*récite*)

J'ai, pour la première fois entendu l'appel de la chaire dans des conditions extrêmement particulières...

(*Il minaude.*)

Mais, mon ami, croyez-vous que cela puisse intéresser... vraiment...

(*Le reporter lui fait signe de parler plus près du micro.*)

... nos chers auditeurs?

LE REPORTER

Mon Révérend Père... C'est un sujet passionnant... Et je vous en prie... Mes chers auditeurs, c'est la modestie du Père Saureilles qui le retient... Moi qui le vois, je puis vous dire que le Père est très, très ému...

(*Il lui tend le micro et lui colle la tête dessus.*)

SAUREILLES (*se débattant*)

A cette époque, j'étais un petit louveteau, comme ceux qui m'entourent ici même!...

LE REPORTER

Car il faut vous dire, mes chers auditeurs, que dans la loge du Père se trouvent trois charmants petits boiscouts qui sont aussi enfants de chœur, n'est-ce pas mon Père?

SAUREILLES

Oui, oui... Et je suis sûr qu'ils seront heureux de dire bonjour à toute leur famille qui est certainement à l'écoute...

VICTOR ET TOTOLE (*ensemble*)

Jaguars casqués toujours...

JEANNOT

... Prêts...

VICTOR

... à...

TOTOLE ET JEANNOT (*ensemble*)

... bouffer des lentilles!...

LE REPORTER

Merci mes enfants. Eh bien, mes chers auditeurs, vous avez entendu le salut de ces trois charmants petits louveteaux qui... euh... viennent de vous saluer... Et maintenant, mon Père... si vous voulez reprendre...

SAUREILLES

Je dois dire, en toute modestie, que je remportais toujours le plus vif succès...

(*Jonas s'approche pour lui changer ses chaussures.*)

... dans les feux de camps et les veillées où je chantais...

(*Il lève les pieds et se casse bruyamment la gueule.*)

Sacré nom de Dieu!...

LE REPORTER (*affolé*)

Mes chers auditeurs!... euh... vous vous souvenez tous de cette vieille chanson française...

(*Saureilles se relève et envoie dinguer Jonas d'un coup de pied.*)

SAUREILLES (*reprend sa place*)

Ainsi que tant d'autres mélodies religieuses... le Père Dupanloup... C'était charmant... Je connaissais déjà, je le dis sans fausse honte, une certaine renommée dans ma patrouille...

LE REPORTER

Nos auditeurs n'en doutent pas une seconde, mon Révérend Père... euh... euh... Et votre talent actuel est là pour le confirmer...

SAUREILLES

Oui... On m'appelait Corbeau Débrouillard... mon totem. Et c'est là ce qui me détermina à poursuivre, et à tenter d'apporter un soulagement spirituel à mes frères en Jésus-Christ, et de fil en aiguille, comme un chameau, selon la parole de l'Évangile, j'en suis venu à interpréter...

LE REPORTER

Avec la perfection que l'on connaît...

SAUREILLES

Les succès de nos auteurs modernes les plus connus.

(*On frappe à droite. Les scouts se ruent et rapportent une énorme couronne mortuaire en perles artificielles avec un ruban violet : à Saureilles, son pote, Paul Quelaudel* (*en très gros*) *de l'Académie française.*)

Oh ! qu'est-ce là?... Quelaudel ici!... Oh! Et c'est d'un goût exquis!...

LE REPORTER

Mes chers auditeurs, ce qui motive l'exclamation de notre Révérend Père c'est l'envoi par un grand auteur que vous connaissez bien, auteur du Complet de Sapin, du Père Aplati et de la Répartition Méridienne, d'une merveilleuse corbeille de fleurs!... C'est Paul Quelaudel lui-même qui assistait aujourd'hui à la première partie du sermon, et qui n'a pu se retenir, malgré son avarice bien connue, de faire parvenir ce témoignage de son admiration au Révérend Père et c'est vraiment une magnifique corbeille, et je ne crois pas trahir mes auditeurs en m'associant à eux pour vous adresser, en somme, mon Père, mes félicitations et celles de nos auditeurs, pour cette preuve nouvelle de votre merveilleux et très grand talent. Dudognon? Terminé.

(*Il regarde sa montre et a un geste impératif pour imposer le silence à tous. Silence de mort. Il claque du doigt.*)

SAUREILLES

Merci, mon ami... Vous avez été très bien... Quelles fleurs délicieuses!... Ah, ce Quelaudel, quelle âme délicate!...

LE REPORTER
(*se relevant, commence à ranger*)

Mon Père, c'est moi qui vous remercie... Vous avez été remarquable...

SAUREILLES

Mais non, mais non... Jonas, Jonas, vite un raccord!...

(*Coups à la porte.*)

Entrez! entrez!... Mon Dieu! Quelle vie!... Quel tourbillon!...

SCÈNE IV

LES MÊMES PLUS UN AGENT QUI ENTRE ET SALUE LES SCOUTS.

JEANNOT, TOTOLE ET VICTOR

Vaches à roulettes n'aiment que...

L'AGENT

... L'herbe!

SAUREILLES

Entrez, mon ami, entrez...

L'AGENT (*retire son képi*)

Monsieur l'Abbé...

SAUREILLES

Que puis-je faire pour vous? Entrez, n'ayez pas peur.

(*A Jonas.*)

Il est charmant!... Il est tout ému!... Entrez mon petit.

L'AGENT (*bégayant*)

Mon Père... Euh!... Je suis de service ici... et j'aurais voulu... Mais j'ai peur d'abuser...

SAUREILLES (*charmeur et plein de bonté*)

Allons, allons... Dites-le moi... Jeannot... Victor, plutôt... offre un verre de vin à ce jeune homme...

VICTOR

Celui de la grosse bouteille?

SAUREILLES (*rapide*)

Mais non, l'autre.

JONAS

Mon Curé, pressez-vous... L'heure approche... La seconde partie va commencer...

SAUREILLES

Mais oui, mais oui... Jonas, ne me bouscule pas comme ça, tu intimides ce jeune homme. Allez mon petit...

L'AGENT

Monsieur l'Abbé, j'ai péché et j'aurais voulu me confesser...

SAUREILLES

Allons, allons, ça ne peut pas être bien grave...

L'AGENT

Je n'ose pas... Ça m'intimide... Ces fleurs, ces affiches...

(*Il baisse les yeux.*)

Cette gloire!...

SAUREILLES

Mais non, nous sommes égaux, mon petit... N'êtes-vous pas le berger des corps, comme je suis le berger des âmes?

L'AGENT (*ravi*)

Tiens, c'est vrai, ça... Le berger des corps... Saint-Pierre-des-Corps... Eh bien, Monsieur le Curé... Je m'accuse.. Je m'accuse.

(Les trois louveteaux boivent une lampée et se mettent à siffler du morse... Le flic hurle.)

JONAS

Silence, mes mignons, on ne s'entend plus!...

SAUREILLES (*à l'agent*)

Non... non... Venez par ici...

(Il l'installe sur la chaise à confesser et relève le guichet.)

L'AGENT (*intéressé*)

Tiens, c'est ingénieux, ce truc-là!

SAUREILLES (*flatté*)

C'est moi qui l'ai imaginé, je l'emporte avec moi dans mes tournées. Cela me permet de consacrer quelques minutes de plus au soulagement des âmes troublées.

L'AGENT

Ah! vous êtes bricoleur. Ça tombe bien. Moi, j'ai fait un pigeonnier chez moi.

SAUREILLES (*doucement amusé*)

Un pigeonnier? Tiens, quelle curieuse idée!... Pour les poulets?...

(Ils s'installent pendant ce temps, signes de croix, etc.)

L'AGENT

Mais non, mon Père, pour les pigeons... Voilà, mon Père, j'ai péché par orgueil.

SAUREILLES (*digne*)

Je vous suis...

L'AGENT

J'ai désobéi à mes chefs en allant prendre en cachette des leçons de diction au cours Simon.

SAUREILLES (*bouleversé*)

Quelle horreur!... Tonia Navar, à la rigueur... Et encore... Mais continuez...

L'AGENT

J'ose pas vous le dire.

(*Jonas et les autres écoutent avidement.*)

SAUREILLES

Dites-le, mon enfant. Ayez confiance. Rien de ce que vous direz ne sortira d'ici.

(*Le reporter, qui déballait sournoisement ses appareils, branche son micro qu'il approche du flic.*)

L'AGENT

Mon Père, je ne rêve que d'une chose... Me produire sur une scène...

(*Silence lourd. Saureilles réfléchit un moment, la tête entre les mains.*)

SAUREILLES

Mon fils, le métier que vous avez choisi d'exercer est noble ; car il est noble de consacrer son existence au maintien d'un ordre qui plaît à Notre Père. Par ailleurs, votre tâche est digne; vous êtes revêtu d'un uniforme qui est le garant d'une vie disciplinée et sans tache; elle est humble, puisque vous accomplissez obscurément votre devoir, sans autre récompense que l'estime de vos chefs, quelques pots de vin et la satisfaction de faire triomnher la justice sur cette terre.

(*Il se lève.*)

Et vous voudriez rejeter une vie modeste, certes, mais pétrie de vertus odorantes comme la violette, au profit d'un exhibitionnisme de bas-étage...

(*Il vérifie ses cheveux au passage devant la glace.*)

pour on ne sait quelles satisfactions d'amour-propre aussi vaines et aussi stériles que sont vaines et stériles les satisfactions que l'on peut retirer de l'emploi profane d'histrion? Non, non, mon fils!... C'est une folie et je vous dis non! Continuez à porter ce costume modeste mais efficace, et qui vous sied si bien, à tenir entre vos mains

(*Le flic prend son bâton d'un air repentant.*)

ce bâton blanc qui est comme la chandelle romaine à éclairer la route des enveloppes charnelles égarées, qui est comme ce cierge consacré que l'on vous mit entre les doigts le jour de votre première communion, qui est, mon très cher fils, votre bâton de Maréchal!...

LES TROIS SCOUTS (*en chœur et sur l'air*)

Maréchal!... Nous voilà!...

JONAS

Allons, allons, chut, mes petits...

SAUREILLES

C'est pourquoi je vous le dis, en vérité mon fils, rejetez la tentation au visage lubrique qui se dresse devant vous pour vous séduire et vous mener au péché. Fuyez ces piteuses caresses qui ne s'adressent qu'à votre amour-propre; et contentez-vous, dissimulé derrière votre obscure pèlerine, de dresser des contraventions aux brebis indignes de votre troupeau. Et plus tard, vous retournant en arrière pour embrasser d'un coup l'étendue d'une carrière bien remplie, vous vous rappellerez, avec la fierté modeste des premiers chrétiens, que vous avez choisi la voie la plus divine, celle de la pureté et de l'humilité, et que vous avez rejeté loin de vous cette révoltante activité de baladin qui est, en réalité le dernier des métiers...

JONAS

Mon Curé, Mon Curé... Il va être l'heure!...

SAUREILLES

Oui, oui, votre pénitence, mon fils, sera mince. Cinq coups de mécanique à indulgence. Agenouillez-vous... là... Penchez la tête...

(*Il tire sur la corde. Les scouts comptent à l'unisson au sifflet.*)

Un, deux, trois, quatre, cinq, et voilà! Levez-vous, mon enfant, et allez en gardien de la paix...

(*Il change de ton.*)

Et consolez-vous, jeune fou...

(*Le flic va pour sortir et sort.*)

Vous avez le plus beau rôle qui soit... Jonas... Vite... Mes gants!... Ma barrette!

LE REPORTER

Ah! bravo, mon Père!... Je suis enthousiasmé! Quel reportage!....

SAUREILLES (*flatté*)

Oh, vous avez enregistré ça? La confession d'un gendarme!... C'est si frais, si charmant... Vous m'en ferez tenir une copie, s'il vous plaît, je crois que j'ai été assez bon!...

LE REPORTER

Certainement... Certainement... Quel reportage!...

(*On entend les trois coups.*)

JONAS

C'est l'heure!...

SAUREILLES

J'y vais, j'y vais.

(*Au reporter.*)

Revenez me voir, mon jeune ami... La maison vous est ouverte... Victor, Totole, ma robe!...

(*Les deux scouts la prennent. Arrêt. Puis Saureilles s'élance d'un pas vif. Vacarme d'applaudissements.*)

LE REPORTER

Quel homme!...

JONAS

Le voilà, le plus beau des métiers!...

RIDEAU

L'ÉQUARRISSAGE POUR TOUS

A mon ennemi intime :
CHARLEMAGNE

L'Équarrissage pour Tous a été présenté pour la première fois au Théâtre des Noctambules le mardi 11 avril 1950 avec la distribution suivante :

Le Père	André Reybaz
André	Paul Crauchet
Le Voisin	Guy Saint-Jean
1er Allemand	Michel Calonne
1er Américain	Jean-Pierre Hébrard
Marie	Catherine Toth
La Mère	Yette Lucas
2e Allemand	Jean Mauvais
Américain pubère	Roger Paschel
La Postière	Odette Piquet
2 Américains	René Lafforgue
	Jean-Pierre Hébrard
2 Allemands	Jean Mauvais
	Michel Calonne
Heinz Schnittermach	Jacques Muller
Marie-Cyprienne	Nicole Jonesco
Jacques	Jacques Verrières
Le Japonais	Jacques Muller
Catherine	Zanie Campan
Vincent	René Lafforgue
Colonel Loriot	Jacques Muller
2 Religieuses	Odette Piquet
	Roger Paschel
Capitaine Künsterlich	Jean Mauvais
Le Pasteur	Roger Paschel
2 Salutistes	Jean-Pierre Hébrard
	Michel Calonne
Le Lieutenant Français	René Lafforgue
Le Capitaine	Jean Mauvais
Le Scout	Yves Faucheur

AVANT-PROPOS (1)

L'Équarrissage pour tous, écrit au début de 1946 (2), n'a été représenté que quatre ans plus tard. Cela m'a surpris de voir cette pièce rencontrer fréquemment un accueil timoré de la part des metteurs en scène les plus réputés pour leur fantaisie. Pour ne citer qu'eux, Grenier et Hussenot ont hésité deux ans avant de se décider... à ne pas la monter. Jean-Louis Barrault l'avait reçue en juillet 1949 et devait la jouer en octobre 49. Il ne le put. Un peu las d'attendre et de voir ce divertissement perdre de jour en jour ce qu'il pouvait avoir de satirique, je lui demandai de me le rendre pour André Reybaz : ce dernier connaissait le texte par Jean-Louis Barrault lui-même depuis le moment où la Compagnie du Myrmidon avait passé *Fastes d'Enfer* au Marigny, Bref, Reybaz et ses camarades, en quinze jours de travail acharné, mirent sur pied *l'Équarrisage* et le jouèrent aux Noctambules. Je dois constater que pas une fois le public ne se méprit sur mes intentions : tous ceux qui vinrent s'amusèrent en général et n'eurent d'arrière-pensée qu'après; l'ennui c'est que parmi les critiques, on semble considérer le rire comme une activité un peu dégradante si elle n'a pas pour support le caleçon et les cocus. Je me permets de considérer qu'on

(1) A l'édition originale, Éditions Toutain, 1950.

(2) Boris Vian se trompait. La pièce, conçue en février 1947 (d'abord sous la forme d'un roman), fut achevée très précisément le 15 avril 1947. Il devait d'ailleurs redresser son erreur en datant d'avril 1947 l'édition définitive publiée dans *Paris Théâtre* en novembre 1952.

peut essayer de faire rire les gens avec autre chose et qu'il n'y a rien de scandaleux à provoquer l'hilarité en évoquant, par exemple, la guerre. Je regrette d'être de ceux à qui la guerre n'inspire ni réflexes patriotiques, ni mouvements martiaux du menton, ni enthousiasme meurtrier (Rosalie, Rosalie!), ni bonhomie poignante et émue, ni piété soudaine — rien qu'une colère désespérée, totale, contre l'absurdité de batailles qui sont des batailles de mots mais qui tuent des hommes de chair. Une colère impuissante, malheureusement; entre autres, il est alors une possibilité d'évasion : la raillerie. On a dit que je cherchais le scandale avec l'*Équarrissage*; on s'est lourdement trompé; qu'on veuille bien me croire, le scandale ne me fait pas peur et si je le cherchais, je le chercherais plus adroitement et plus efficacement. On l'a dit surtout parce qu'il est plus commode de cataloguer quelqu'un que de prendre la peine de l'écouter (ceci n'est pas une récrimination, au contraire; ceux qui me cataloguent m'évitent à mon tour de lire leurs commentaires : ils se bornent à les répéter chaque fois qu'ils en font un).

Au reste, j'avais précisé certaines de mes intentions dans un article écrit pour *Opéra* et paru le 12 avril 1950 — Je ne me cite pas pour le plaisir, mais parce qu'il ne m'a pas paru nécessaire de récrire sous une autre forme ce que je pense encore :

« La guerre, cette chose grotesque, a ceci de particulier (entre autres) qu'elle est envahissante et importune, et ceux qu'elle amuse se croient en général fondés à l'étendre à ceux qu'elle n'amuse pas. C'est une des multiples figures de l'intolérance, et la plus destructrice. C'est pourquoi dans la mesure réduite où quelque chose d'écrit et d'artificiel peut avoir un effet, j'ai essayé d'agir contre; au reste, il est assez peu tolérable de combattre la guerre par la guerre, comme font certains, et le choix des moyens qui restent se trouve hélas réduit.

Cependant toutes ces intentions ne sont (je l'espère) pas trop visibles. Et la pièce est plutôt burlesque : il m'a semblé qu'il valait mieux faire rire aux dépens de la guerre; c'est une façon plus sournoise de l'attaquer, mais plus efficace — et d'ailleurs au diable l'efficacité... Si je continue sur ce ton, on va croire qu'il s'agit d'un spectacle du genre « propagande pour hommes de bonne volonté » qui me terrifie entre tous.

L'histoire? Tout se passe le 6 juin 1944, à Arromanches. Il se produisit ce jour-là, dit-on, un événement important : les Anglo-Américains débarquèrent pour écraser les Allemands qui occupaient la France. L'événement est secondaire pour le héros de la pièce, le père : son problème à lui c'est de savoir s'il va, ou non, marier sa fille à l'Allemand avec qui elle couche depuis quatre ans.

La pièce expose la solution qui se présente à ce problème. L'atmosphère est fournie par les éléments temporaires : soldats de toutes nationalités, F. F. I., canonnades, destructions, les éléments stables restant la fille et son mariage. Il n'y a guère de morale à l'histoire : en effet, elle se termine mal. C'est la guerre qui gagne. »

Il me reste à remercier Jean Cocteau de l'article qu'il eut la gentillesse d'écrire pour *Opéra* le 3 mai 1950. Je le fais ici aussi simplement qu'il le fit et je le prie de voir en ces quelques lignes un témoignage de reconnaissance et d'amitié.

J'ajoute aussi que sans André Reybaz, Catherine Toth et leur troupe aussi adroite que désintéressée, j'aurais abandonné tout espoir de voir *l'Équarrissage* sur les planches; c'est dire ce que je leur dois.

Boris VIAN.

L'ÉQUARRISSAGE POUR TOUS (1)

En manière de préface (et de remerciement à Jean Cocteau) nous avons reproduit ci-après la lettre qu'il eut la gentillesse de faire tenir à André Reybaz et qui parut le 3 mai 1950 dans Opéra. *Quelle présentation plus flatteuse pour cette pièce? Mais ce serait aller à l'encontre de la vérité que de laisser croire en publiant ce seul texte, à l'unanimité des réactions qu'elle provoqua; et la coutume actuelle veut en outre que l'auteur présente son produit au public, tout comme s'il comprenait lui-même ce qu'il a voulu faire en l'élaborant. Voici donc ce que je puis en dire.*

L'Équarrissage pour tous (*titre qui me plut par sa similitude avec celui d'un manuel Roret et par le caractère mystérieux qui s'attache à la besogne exacte d'un équarrisseur, tout au moins pour pas mal de gens dont moi-même), m'a toujours paru trop simple pour avoir besoin d'explications. Ce texte poursuivait un seul but : faire rire les gens avec quelque chose de pas drôle, la guerre. Il eût été facile, me semble-t-il, maintenant, de se perdre, sur ce sujet, dans les profondeurs de la pensée dite intelligente. Je constate avec plaisir que je ne l'ai pas fait : on ne va pas méditer en public sur une chose aussi creuse et aussi superficielle que la guerre sans avoir l'impression bien chinoise de perdre la face ; il faut à une étude sérieuse de la guerre le silence du cabinet et la puissante érudition de mon bon ami Gaston Bouthoul.*

(1) Introduction à la réédition dans *Paris Théâtre*, n° 66, novembre 1952. La lettre de Jean Cocteau avait déjà été publiée en tête de l'Édition Toutain.

Au vrai, les violentes réactions qui accueillirent à sa création l'Équarrissage *prouvèrent à tout le moins que la pièce était susceptible d'en provoquer; je le dis tout plat, j'ai été ravi de susciter des mouvements aussi vigoureusement opposés.*

D'aucuns voulurent d'abord y voir une attaque de la Résistance et des morts de la guerre. Ceux-ci n'avaient pas écouté, qu'il me soit permis de le répéter à Henri Magnan (par exemple), car les ridicules F. F. I. présentés l'étaient comme résistants du matin même. Ceux qui ont cru que je riais des morts semblent s'imaginer assez puérilement que la guerre ne m'aurait point apporté de deuils. D'autres attaquaient la forme : M. Favalelli, par exemple, blâmait des jeux de mots faciles et titrait sa chronique Boris Viandox *car il n'en est pas à une poutre-dans-l'œil près, justifiant ainsi tout ce que l'on peut dire des insuffisances de la critique. D'autres, tels Guy Verdot, m'éreintaient pour avoir trop lu Jean-Jacques Gautier et peut-être aussi pour avoir eu quinze jours plus tôt une pièce refusée par Reybaz (car nos critiques écrivent, mais oui!). Jeener, je crois bien, entrait dans cette même catégorie. Je ne saurais leur donner tort : la position de critique-auteur implique le coup de langue au derrière du monsieur bien placé et le coup dans les chevilles du confrère écrivain. Quant à ceux qui voulurent voir dans ce texte inoffensif un appel au scandale, ils opéraient selon un processus très employé ces temps-ci. Il est simple : on déclare d'abord que M. Untel « a voulu dire ceci et cela ». Après quoi, sur la foi de cette déclaration liminaire, on accable M. Untel (qui, c'est sûr, pleure à chaudes larmes) et l'on se mord la queue sans s'en apercevoir. Ne serait-il pas plus simple de demander à M. Untel ce qu'il a voulu dire? Et s'il n'avait rien voulu dire? S'il avait voulu simplement écrire une pièce qu'il sentait le besoin d'écrire? Ainsi, la « volonté de scandale », le « talent de revuiste offert comme un génie de la satire » — offert par qui, juste ciel! — que l'on me balança dans les jambes, sortaient du même panier, le crâne ajouré du critique à court d'idées.*

Que l'on ne s'imagine pas surtout trouver ici la rancune de l'auteur vilipendé par le magister. J'avais tout autant de motifs à me réjouir dans les chroniques de Barjavel, de

Renée Saurel, de Joly, d'Elsa Triolet même ou de Thierry Maulnier qui, en partie ou en totalité, furent extrêmement satisfaisantes. Que dire de celle de Jotterand dans la Gazette de Lausanne *! Voilà-t-il pas une approbation venue d'un pays comme la Suisse!*

Je n'aurai pas plus la puérilité de diviser les critiques en deux catégories, les bons (entendez ceux qui me furent favorables) et les mauvais. Ce serait tenter de faire croire que je ne connais pas les gens en question ou que j'ignore ce qu'ils pensent. Quatre-vingts sur cent estiment que c'est une honte de jouer du Vian quand ils ont de si bonnes pièces dans leurs cartons personnels. Les vingt autres essaient en toute honnêteté d'informer le public de ce qu'il va voir. Ces vingt là, qu'ils disent du bien ou du mal de ce que j'ai fait, de ce que je ferai, je les remercie. Ils sont fort utiles, Les autres me ménageront s'ils supposent (comme c'est improbable!) que je puisse un jour leur servir à quelque chose (et c'est pourtant possible, n'est-ce pas, après tout, nous évoluons tous dans un milieu bien restreint). Ces chiffres de 80 et 20 ne traduisent qu'une proportion. J'aurais pu écrire huit et deux, mais tous nos gens se présentent comme de la seconde catégorie, aussi j'ai pris un nombre important. Car il faut les ménager, certes! Ce sont eux qui remplissent la salle d'un jeune auteur, et je n'ai aucune honte à préciser que c'est à mes Jeener et autres que la salle dut de n'être guère pleine; mais je suis heureux de constater que ceux qui vinrent malgré cela s'amusèrent bien; et ça c'est ma part à moi. Et celle surtout de Reybaz et de sa bonne équipe, qui, avec les moyens réduits dont ils disposaient, donnèrent un corps à mes marionnettes. Qu'ils en soient encore ici remerciés.

B.V.

SALUT A BORIS VIAN

par Jean COCTEAU

Boris Vian vient de nous donner, avec *L'Équarrissage pour tous*, une pièce étonnante, aussi solitaire en son époque confuse que le furent à la leur *Les Mamelles de Tirésias*, de Guillaume Apollinaire et mes *Mariés de la Tour Eiffel*.

Cette pièce, ou ballet vocal, est d'une insolence exquise, légère, lourde, semblable aux rythmes syncopés dont Boris Vian possède le privilège.

Soudain, nous sommes au centre du temps, à cette minute où le temps n'existe plus, où les actes perdent leur sens au milieu immobile du cyclone, à cette place où le présent et l'avenir se nouent comme une vieille ficelle morte.

Et le rire éclate où la bombe éclate, et la bombe éclate de rire, et le respect que l'on porte aux catastrophes éclate lui-même, à la manière d'une bulle de savon.

Des acteurs jeunes, gais, affairés dans les coulisses où ils se changent en Allemands, en Américains, en F. F. I., en parachutistes, traversent la scène, tombent des cintres, montent des escaliers qui n'aboutissent nulle part, se cognent les uns contre les autres, se mélangent et s'isolent, dans un vide plein jusqu'au bord.

Rien de plus grave que cette farce qui n'en est pas une et qui en est une, à l'image de ce qu'on nous oblige à prendre au sérieux et qui ne l'est pas, sauf par la mort de nos camarades et la certitude que la fin de cette sombre farce n'est que de la fatigue et une courte halte nécessaire à reprendre le souffle et à recommencer le plus vite possible.

Oui, voilà ce qu'un homme habile à souffler dans la trompette, ou plutôt à donner la forme d'une trompette à son souffle, voilà, dis-je, ce qu'un homme, rompu aux rythmes, nous jette à la figure, comme dans une infecte bataille de fleurs.

Une bonne entreprise de propagande pour nous autres pauvres types, seulement capables d'opposer le singulier au pluriel et de rester libres, dans un monde où la liberté déroute et ne se porte plus.

La scène se passe le 6 juin 1944, au matin, chez un équarrisseur très gentil. Le décor représente, avec les accès nécessaires, la salle commune de la maison de l'équarrisseur, à Arromanches. Établi et armoire à outils dans un coin. Tables, chaises. Portrait de cheval. Fosse à chevaux avec trappe et levier l'actionnant. Odeur sui generis. *Atmopshère générale campagnarde et arromanchienne, plus précisément.*

SCÈNE I

LE PÈRE, ANDRÉ.

(*Ils sont en train de travailler, à l'établi, à remettre en état un énorme rabot.*)

LE PÈRE

C'est dégueulasse. Le dernier cheval a complètement bousillé ce rabot.

ANDRÉ

On ne peut pas l'arranger?

LE PÈRE

Regarde ce fer. C'est de la dentelle!

ANDRÉ

Peut-être que ça irait quand même..

LE PÈRE

Il faudra bien.

(Il prend le fer, le regarde et crache dessus d'un air dégoûté. André lui tend un chiffon. Il essuie le fer. Dehors, bruits divers : mitrailleuse, explosions, etc. Hurlements à consonance militaire.)

LE PÈRE

Ils commencent à nous courir avec leur débarquement. Ah! on a eu le nez creux de venir habiter Arromanches!

ANDRÉ

Oui, c'est pas malin.

LE PÈRE (*sévère*)

Dis-donc, toi!... Un peu de respect pour mon arrière-grand-père. C'est lui qui l'a eue, cette idée-là.

ANDRÉ

Pardon, je ne le ferai plus.

LE PÈRE

Où est ma fille?

ANDRÉ

Laquelle?

LE PÈRE

Marie.

ANDRÉ

Elles s'appellent toutes les deux Marie.

LE PÈRE

Ah! oui, c'est vrai. Eh bien, mettons que je n'aie rien dit.

ANDRÉ

Je vais la chercher.

(*Il sort. Le père reste seul.*)

SCÈNE II

LE PÈRE, LE VOISIN.

LE PÈRE (*seul*)

Quand on est seul, il faut en profiter.

(*Il s'approche à pas de loup du placard au calvados et au moment où il y porte la main, une formidable explosion retentit. Des choses tombent. Il sursaute.*)

Nom de Dieu! Les salauds!

(*Coups violents à la porte.*)

Entrez!

LE VOISIN (*entrant*)

Salut!

LE PÈRE

Salut. Toujours vivant?

LE VOISIN

Toi aussi?

LE PÈRE

Moi, c'est normal. Je suis équarrisseur. Jamais ils ne viendront jusqu'ici. Ça pue trop.

LE VOISIN

Pour puer, ça pue. Comment est-ce que tu arrives à faire puer comme ça?

LE PÈRE

C'est un secret de famille. Viens, je vais te le dire à l'oreille.

LE VOISIN

Tu me l'as déjà dit cent fois.

LE PÈRE (*vexé*)

Tu me l'avais demandé.

LE VOISIN

Je suis poli, mais il ne faut pas me prendre pour un crétin...

LE PÈRE

Et alors, ce débarquement, où ça en est?

LE VOISIN

Ils se tabassent toujours.

LE PÈRE

Dommage que ce soit des tanks. Autrefois, ça m'aurait donné du travail. Tous les chevaux que ça aurait fait!...

LE VOISIN

Ils sont arrivés jusqu'en haut de la plage. Tu dois pouvoir les voir d'ici.

LE PÈRE

Je ne vais pas me déranger pour ça, non?

(*Il va à la fenêtre.*

Mince! Ce qu'il y en a! C'est incroyable!...

LE VOISIN

Je suis sûr qu'ils sont plus de cinquante.

LE PÈRE

Et qu'est-ce qu'ils disent, les autres?

LE VOISIN

Les frisous? Ils ne sont pas contents. Tu penses, être réveillés à cette heure-là!

LE PÈRE

C'est qu'ils n'ont pas la même heure, en Amérique. Il y a des histoires de méridiens qui entrent en ligne de compte.

LE VOISIN

C'est pas la peine de la ramener. On le sait, que tu as été mécanicien. Et Marie?

LE PÈRE

Ah! voilà. Ça, c'est important. Justement je voulais te demander un conseil.

SCÈNE III

LES MÊMES, ANDRÉ.

ANDRÉ

Je n'ai pas trouvé Marie.

LE PÈRE

Je t'avais dit de ne pas y aller.

ANDRÉ

Alors, évidemment, je ne pouvais pas la trouver. Vous ne pouviez pas le dire?

(*Il hausse les épaules, excédé.*)

LE VOISIN

Je te demande pardon, mais tu voulais me demander conseil?

LE PÈRE

Bien sûr. Voilà la chose. Marie aime son Heinz.

LE VOISIN

Son frisou?

LE PÈRE

Oui. Celui qui loge ici.

LE VOISIN

Ah? Elle couche avec lui?

LE PÈRE (*gêné*)

Je ne sais pas. Elle couche avec lui, André?

ANDRÉ (*gêné*)

Je ne sais pas.

LE PÈRE

Tu vois, on ne sait pas. Enfin, elle l'aime, hein, André?

ANDRÉ

Oui. Ça, elle l'aime.

LE PÈRE

Alors, il l'aime aussi.

LE VOISIN

Faut les marier. Deux qui s'aiment, on les marie.

LE PÈRE

Bien sûr! Tu es malin! Tu crois qu'on y avait pas pensé?

LE VOISIN

Alors, pourquoi vous ne l'avez pas fait? Si c'est pas encore fait, c'est que vous n'y avez pas pensé.

(*Bruit formidable. Ils rentrent tous le cou dans les épaules.*)

LE PÈRE

Ça y est.

ANDRÉ

Qu'est-ce qui y est?

LE PÈRE

Je ne sais pas, mais au son, ça y était en plein. Donc, je reviens à mon affaire. Qu'est-ce que tu me conseilles?

LE VOISIN

Ben, il faut les marier. Il me semble, à première vue, que ça saute aux yeux.

LE PÈRE

C'est une métaphore.

LE VOISIN (*excédé*)

Oh! la barbe, avec tes citations!

ANDRÉ

Ils s'aiment, on ne peut rien dire.

LE PÈRE

Je ne crois pas que Heinz ferait un bon équarrisseur, il est trop maigre, mais on pourra lui faire affûter le rabot.

ANDRÉ (*ravi*)

C'est une chouette idée.

LE VOISIN

Quand même, il faudrait savoir s'il couche avec...

LE PÈRE

Tu as raison. Comment est-ce qu'on peut savoir ça?

(*A André.*)

Va me chercher ma fille.

ANDRÉ

Oui, tout de suite.

SCÈNE IV

LE PÈRE, LE VOISIN.

LE PÈRE

C'est embêtant quand on est obligé de penser à toutes ces choses-là. Comment veux-tu qu'on dorme tranquille avec des soucis pareils?

(*Série plus forte de rafales de mitraillette.*)

LE VOISIN

D'abord, c'est pas l'heure de dormir.

LE PÈRE

Je sais bien, mais ça me rend nerveux, cette histoire-là; si on pouvait s'occuper tranquillement de son boulot, seulement.

(*On tape à la porte.*)

LE PÈRE

Entrez.

(*Un Allemand entre. Il a un fusil et un bazooka et il tire un canon derrière lui.*)

L'ALLEMAND (*avec accent*)

Je peux mettre ça là? Ça me gêne pour courir.

LE PÈRE

Mais oui. Faites donc. Personne n'y touchera.

L'ALLEMAND

Merci. Je les prendrai en revenant.

LE PÈRE

Bonsoir.

(*L'Allemand referme la porte et le père se retourne vers le voisin.*)

Pourvu que cet idiot d'André trouve Marie.

LE VOISIN

Laquelle?

LE PÈRE

Celle qui va épouser Heinz.

LE VOISIN

Ah! bon. C'est pas pratique qu'elles aient toutes les deux le même nom.

LE PÈRE

C'est ce que je trouve aussi. Et songe que leur mère s'appelle Marie...

LE VOISIN

Comment t'y reconnais-tu?

LE PÈRE

C'est elles qui s'y reconnaissent. Mais je me demande comment elles font.

(*André revient.*)

SCÈNE V

LES MÊMES, ANDRÉ.

ANDRÉ

Vraiment, je ne sais pas où elle est.

LE PÈRE

Tu as été dans sa chambre?

ANDRÉ

Je ne peux pas. Heinz y est déjà.

LE PÈRE

Alors, évidemment, il n'y a rien à faire. Écoute, c est embêtant.

ANDRÉ

Ben oui, c'est embêtant.

LE VOISIN

Tu n'as pas besoin de savoir ça tout de suite.

LE PÈRE

J'aurais mieux aimé. En tout cas, il y a une chose de sûre, c'est qu'il faut réunir le conseil de famille. Et ça, ça ne va pas être commode.

LE VOISIN

Ça se fait tous les jours.

LE PÈRE

Avec tous ces crétins d'enfants qui se battent dans tous les coins au lieu d'apprendre à équarrir proprement...

LE VOISIN

Il faut qu'ils soient là. Et puis, tu ne dois pas dire du mal de tes enfants.

LE PÈRE

Tu comprends, l'ennui, c'est qu'il y en a un qui est Américain, Jacques, et l'autre, Catherine, est au diable vauvert.

LE VOISIN

Je croyais que c'étaient des fils tous les deux.

LE PÈRE

Tu sais, Catherine, elle est parachutiste dans l'armée rouge, alors, c'est comme un homme.

LE VOISIN

Ah! dans ces conditions-là, je comprends.

LE PÈRE

Ils sont parachutistes tous les deux, d'ailleurs.

ANDRÉ

Mais, dites donc, comment ça se fait qu'ils soient d'un tas de pays différents?

LE PÈRE

Tu es idiot, avec tes questions. Est-ce que je sais, moi? C'est comme ça, c'est comme ça. On ne discute pas les enfants que le Bon Dieu vous a donnés.

ANDRÉ

Vous vous reposiez, vous, pendant ce temps-là?

LE PÈRE

Pendant ce temps-là? Quel temps?

ANDRÉ

Pendant que le Bon Dieu vous donnait des enfants...

LE PÈRE

J'équarrissais, naturellement. Ou, alors, je raccommodais mon rabot. Il n'y a pas de milieu.

ANDRÉ

Comment va-t-on les prévenir?

LE PÈRE

On va aviser. Ah, dis donc, au fait, tu ne veux pas aller chercher...

(*On frappe à la porte.*)

Entrez.

(*Entre un soldat américain.*)

SCÈNE VI

LES MÊMES, LE SOLDAT AMÉRICAIN.

L'AMÉRICAIN (*entre en sautant à la corde*)

Bonjour! On peut boire un coup?

LE PÈRE

Bien sûr. Ça va?

L'AMÉRICAIN

Ça va. Fait soif.

(*André prend un verre, va le remplir et le lui apporte.*)

LE PÈRE (*pointe d'orgueil*)

Ils vous donnent du mal, hein?

L'AMÉRICAIN

C'est pas tellement ça. Mais, ces cochons-là, ils tirent avec de vraies balles.

(*Il boit.*)

LE PÈRE (*ravi*)

Mince!... Ça, alors!... Ils sont culottés, tout de même. Ils tirent avec de vraies balles?

L'AMÉRICAIN

Regardez.

(*Il lui montre son casque. Derrière, il y a un trou gros comme les deux poings.*)

LE PÈRE (*admiratif*)

Tu te rends compte?

LE VOISIN

Et vous n'êtes pas mort?

L'AMÉRICAIN

C'est celui d'un camarade. Je lui ai donné le mien à la place. Celui-là est plus léger comme ça.

(*Silence. Il s'étire. On entend un coup de sifflet.*)

Allez. On va y retourner. Ils viennent de siffler la mi-temps.

ANDRÉ

Vous reviendrez, hein?

L'AMÉRICAIN

Bien sûr.

(*Il tire un paquet de sa poche et le lui tend.*)

Tenez, prenez ça. Ça chasse les odeurs.

ANDRÉ

Merci... Merci bien... Au revoir.

(*L'Américain sort.*)

SCÈNE VII

LE PÈRE, ANDRÉ, LE VOISIN.

LE PÈRE

Qu'est ce que c'est?

ANDRÉ

Du chewing-gum, c'est écrit dessus.

LE PÈRE

Ah, bon, du chewing-gum. Flanque-le dans la fosse à équarrir. Dis donc, t'as remarqué?

ANDRÉ (*flanquant le chewing-gum dans la fosse*)

Quoi?

LE PÈRE

Il parlait français.

LE VOISIN

Mais c'est vrai, tiens. C'est un espion.

(*Le père décroche son arbalète, va à la porte, vise longuement et tire. Bruit de verre cassé.*)

ANDRÉ

C'est son casque ou les cloches à melon?

LE PÈRE

C'est son casque.

LE VOISIN (*méprisant*)

Oui, c'est bien ce bruit-là que ça fait, la camelotte américaine.

LE PÈRE (*réfléchissant*)

Mais alors... Ce ne serait pas un espion...

ANDRÉ

Peut-être pas...

LE PÈRE

Alors, heureusement que c'étaient les cloches à melon.

(*Il va raccrocher son arbalète. Un temps. Puis...*)

J'aurais dû lui demander s'il connaissait Jacques.

LE VOISIN

Ton fils aîné? Celui qui est parachutiste américain, lui aussi?

LE PÈRE

Oui.

ANDRÉ

Vous savez, ils ont l'air d'être plusieurs, à débarquer.

LE PÈRE

Alors, on en trouvera sûrement un qui connaît Jacques.

SCÈNE VIII

LES MÊMES, MARIE.

LE PÈRE

Tiens, te voilà, Marie.

LE VOISIN

Bonjour, Marie. Alors, tu veux épouser un frisou, il paraît. Tu m'as l'air d'être tombée amoureuse bien vite.

MARIE

Ce n'est pas moi, c'est ma sœur.

LE PÈRE

Mais oui, c'est sa sœur Marie. Et puis, bien vite, hein, vous exagérez... Ça fait quatre ans qu'il couche avec.

(*A Marie.*)

Heinz était dans ta chambre?

MARIE

Mais non, papa, il est dans la chambre de ma sœur.

LE PÈRE

C'est vrai, c'est tout ce bruit qui me trouble... je confondais...

LE VOISIN

Je ne sais pas comment tu peux t'y reconnaître avec ces deux filles qui ont le même nom.

LE PÈRE

Tu vois, je ne m'y reconnais pas.

ANDRÉ

Je vais la chercher, maintenant?

LE PÈRE

Non, je vais l'appeler.

(*Il va vers la porte de séparation à gauche, l'entr'ouvre et appelle. Réponse à la cantonade.*)

LE PÈRE (*revenant*)

Elle arrive.

LE VOISIN

Allons, tout ça va être réglé tout de suite.

MARIE

Il faut que je reste?

LE PÈRE

Naturellement. Il s'agit du mariage de ta sœur, tout de même.

MARIE

Moi, Heinz, je le trouve affreux.

ANDRÉ

Ça, moi aussi, alors.

LE PÈRE

Écoute, Marie, ce n'est pas bien de dire du mal du fiancé de ta sœur. Ce garçon n'a pas choisi sa figure.

MARIE

Il a eu tort de laisser choisir quelqu'un d'autre à sa place. Quelqu'un qui avait mauvais goût, tu ne peux pas dire. Il est tout petit, il est maigre, il a des lunettes et il sent mauvais des pieds.

LE VOISIN

Je ne vois pas comment on peut s'en rendre compte dans une maison comme ici...

LE PÈRE

Tu es toujours le même. On ne peut pas être équarrisseur et vivre dans le jasmin et les roses.

LE VOISIN

Je ne t'en veux pas; ça ne sent pas plus mauvais que d'habitude, remarque, mais c'est simplement que je ne peux pas m'y habituer.

MARIE

En tout cas, Heinz sent mauvais des pieds.

ANDRÉ

C'est leurs bottes, et puis ils ne mettent pas de chemises.

MARIE

Il a un vilain teint et il ne sait pas danser.

LE PÈRE

Mais, puisqu'il aime ta sœur...

MARIE

Bien sûr, je n'ai rien contre lui. Simplement, moi je ne pourrais pas l'épouser. Et l'avoir comme beau-frère, ça n'est pas drôle non plus.

SCÈNE IX

LES MÊMES, LA MÈRE.

LA MÈRE

Tu m'as appelée?

LE PÈRE

Mais non, j'ai appelé Marie.

LA MÈRE

Mais je suis là, enfin!

ANDRÉ

Je vais la chercher.

(Il sort. Le voisin s'essuie le front.)

LE PÈRE

Tu vois, on est en train de discuter pour savoir si on va réunir le conseil de famille. A propos du mariage de Heinz et de Marie.

LA MÈRE

Ils vont se marier? Mes enfants!...

(*Elle fond en larmes.*)

LE PÈRE (*lui tapant dans le dos*)

Allons, allons, ne t'émotionne pas comme ça. As-tu été traire les vaches?

LA MÈRE

A propos de quoi me demandes-tu ça?

LE PÈRE

C'est pour te faire penser à autre chose.

LA MÈRE

Eh bien, non, j'avais complètement oublié, j'y vais tout de suite.

(*Elle sort en s'essuyant les yeux. Fausse sortie.*)

A propos, où as-tu mis le fer à repasser? Si je n'ai pas le fer à repasser, je ne peux pas arriver à les traire proprement.

LE PÈRE

Il est avec l'escabeau, sur l'étagère.

LA MÈRE

Je vais le trouver, alors...

(*Elle sort.*)

SCÈNE X

LE VOISIN, LE PÈRE, MARIE.

LE VOISIN

Tu as une femme active.

LE PÈRE

Toi aussi.

LE VOISIN

On a des femmes actives.

(*Silence. Explosions, puis coups à la porte. Entre un Allemand.*)

L'ALLEMAND
(*myope, avec lunettes. Fusil en bandoulière*)

Dites-donc, vous qui êtes du pays, les gars qui débarquent, là, c'est bien des Américains?

LE PÈRE

Où ça?

L'ALLEMAND

Là-bas.

(*Il montre la direction du doigt.*)

LE PÈRE

Naturellement, c'est des Américains. Qu'est-ce que vous pensiez que c'étaient? Les Italiens?

L'ALLEMAND

Merci beaucoup.

(*Il referme la porte.*)

MARIE

Celui-là, il était bien.

LE VOISIN

Tu l'as à peine vu. Il avait des lunettes aussi, en tout cas.

MARIE

Oui, mais il était bien bâti.

LE PÈRE

Veux-tu que je te dise? Eh bien, toi, tu es jalouse de ta sœur. Tu la vois heureuse, elle est presque fiancée, elle va se marier, et tu es jalouse. Ah!... Ce n'est pas un beau sentiment... Mais, en un sens, un jour comme aujourd'hui, ça se justifie.

LE VOISIN

Pourquoi un jour comme aujourd'hui?

LE PÈRE

Écoute, ce n'est quand même pas tous les jours qu'on décide de marier sa fille, ou de marier la sœur de sa fille, ou de faire un mariage en général. Tu vois, j'en oublie même mon travail.

(*Il se rapproche de l'établi et saisit son rabot.*)

Il serait peut-être temps que je descende équarrir un peu. J'ai quatre bêtes en retard, qui sont à peine dressées.

LE VOISIN

Tu les dresses, maintenant?

LE PÈRE

Oh! tu es fatigant. Il faut t'expliquer tous les termes techniques. Dressées, c'est aplanies, dégrossies, ce que tu voudras. C'est comme quand on est mécanicien, on dresse des pièces sur des marbres.

LE VOISIN (*frissonnant*)

Tu es macabre, écoute.

LE PÈRE

Et toi, tu es idiot. Un marbre d'ajusteur c'est en fonte, alors, tu vois... Non, tu es comme les autres, tu as des préjugés. Je suis sûr que tu t'étonnes de me voir ici.

LE VOISIN

Avec ton coffre et ta taille, je te verrais plutôt en train de te battre.

LE PÈRE

C'est ce que tout le monde pense, et je le sais bien. La vérité, c'est qu'ils m'ont oublié.

LE VOISIN

Tu n'as pas reçu les papiers? On ne t'a pas envoyé une lettre? Une convocation, je ne sais pas, moi?

LE PÈRE

Si, mais je n'ai pas ouvert la lettre. Alors, je me suis dit : « Ils m'ont oublié. » Et de fait, ils m'avaient oublié.

LE VOISIN

On n'est pas venu te chercher?

LE PÈRE (*évasif*)

Un type est venu, un jour, mais il est tombé par hasard dans la fosse. Depuis, je n'ai vu personne.

LE VOISIN

Qu'est-ce que tu en as fait?

LE PÈRE (*détaché*)

Du type? Qu'est-ce que tu voulais que j'en fasse? Je l'ai équarri, c'est tout. Un de plus, un de moins...

LE VOISIN

Enfin, c'est un scandale, tout de même. Surtout quand on voit ces frisous tout maigres. Et puis, toi, là, avec tes cent kilos et ta mine...

LE PÈRE

Oh! tu sais, je n'ai pas si bonne mine que ça.

(*Il tousse.*)

Écoute, tu entends, je tousse.

LE VOISIN

Moi aussi.

(*Il tousse.*)

LE PÈRE

Toi, ça n'a rien d'étonnant. Tout le monde tousse dans le pays.

LE VOISIN

C'est à cause de ta sacrée fosse. Tu crois qu'on peut conserver des poumons en bon état, en respirant des odeurs pareilles tous les jours de sa vie?

LE PÈRE

Tu ne peux pas rester cinq minutes sans me rappeler ça. Tu n'es vraiment pas aimable. Je ne peux pas me souvenir d'un jour où tu ne m'aies pas charrié avec ça.

LE VOISIN

Si, dimanche dernier.

LE PÈRE

C'est malin... tu n'es pas venu.

LE VOISIN

Je ne suis pas venu, mais j'ai toussé quand même.

(*Il tousse.*)

LE PÈRE

Qu'est-ce que fait donc André? Il aurait dû la trouver?

(*Pendant tout ce temps, Marie va et vient, range les objets les plus hétéroclites.*)

MARIE

On a beaucoup de mal à regarder dans la chambre de Marie... Il doit essayer d'agrandir le trou.

LE PÈRE

Si c'est pas malheureux!... Je change la planche tous les jours, et tous les jours il y a un nouveau trou!...

MARIE

Tu devrais l'enlever, carrément.

(*Silence, puis des coups à la porte, des rafales de mitraillette, des bruits de course et des jurons.*)

LE PÈRE

Entrez!

SCÈNE XI

LES MÊMES, UN SOLDAT AMÉRICAIN.

LE PÈRE

Bonjour.

L'AMÉRICAIN

Bonjour. Il y a des marraines de guerre, par ici?

LE PÈRE

Des quoi?

L'AMÉRICAIN

Des marraines de guerre. Je cherche une marraine de guerre.

LE PÈRE

Pour quoi faire?

L'AMÉRICAIN (*rougissant*)

Euh...

MARIE

Tu le fais rougir, papa. Tu n'es pas gentil.

LE PÈRE

Comment, je ne suis pas gentil? Je ne peux rien faire sans que tout le monde me tombe dessus.

L'AMÉRICAIN

Mais vous en avez?

LE PÈRE

Quoi? Ah! Ça, vous êtes inouï! On voit bien que vous débarquez. Vous vous rendez compte que les frisous sont là depuis quatre ans? Ou est-ce que vous êtes complètement idiot?

L'AMÉRICAIN

J'ai dix-neuf ans et je m'appelle Vladimir Krowski.

MARIE

Et vous voulez une marraine de guerre comment?

L'AMÉRICAIN

Comme vous.

MARIE

C'est drôle, ça, alors. Vous me donnerez ça?

L'AMÉRICAIN

Quoi?

(*Elle s'approche de lui et montre les écussons de ses revers.*)

MARIE

Vos clips, là.

L'AMÉRICAIN

Je ne peux pas, je serais puni.

MARIE (*s'approche de lui et se frotte un peu.*)

Oh! donnez-les moi, vous serez gentil.

LE PÈRE

Dites donc, si on vous gêne, on peut s'en aller...

MARIE

Oui. C'est ça, Va-t'en. J'en ai pour cinq minutes.

(*Le père et le voisin sortent.*)

SCÈNE XII

MARIE, L'AMÉRICAIN.

MARIE

Alors, comme ça, vous n'avez pas de marraine de guerre?

L'AMÉRICAIN

Si, en Amérique, mais c'est loin.

MARIE

Vous êtes bien habillé. Vous voulez les enlever?

L'AMÉRICAIN (*reculant jusqu'à la table*)

Quoi?

MARIE (*câline*)

Vos clips... là... Si vous me les donnez, je serai votre marraine de guerre. Mais, au fait, pourquoi voulez-vous une marraine de guerre?

L'AMÉRICAIN

C'est pour lui envoyer des colis. On a des choses à ne savoir qu'en faire.

MARIE

Mais vous ne vous en servez pas?

L'AMÉRICAIN

Oh! non, c'est très mauvais. Des tas de conserves, du chocolat. Vraiment, il y en a tellement qu'on ne peut plus avancer. On fait passer les tanks dessus, mais ça perd du temps.

MARIE

Jetez-les.

L'AMÉRICAIN

Je pensais que ça vous ferait plaisir de les avoir.

MARIE

Qu'est-ce que vous voulez que j'en fasse? Ici, on ne mange que du cheval.

L'AMÉRICAIN

Vous les vendrez aux Allemands.

MARIE

Ils ne sont pas fous. Ils les prendront sans les payer.

L'AMÉRICAIN

Alors, je crois qu'on va être forcés de leur donner.

MARIE

Bien sûr, c'est la seule solution. Et c'est tout ce que vous vouliez faire avec votre marraine de guerre?

L'AMÉRICAIN

Ben... Oui... Qu'est-ce que vous voulez qu'on en fasse, de ces conserves?

MARIE (*le pousse,*
il grimpe sur la table, elle le suit)

Je ne parle pas des conserves, je parle des marraines. Vous me trouvez jolie?

L'AMÉRICAIN

Vous savez, je ne peux pas vous donner ces clips...

MARIE

Ça ne fait rien.

(*Un temps.*)

Qu'est-ce que vous lui faites, en Amérique, à votre marraine?

L'AMÉRICAIN

Je sors avec elle. Je vais au cinéma.

MARIE

Vous l'embrassez?

L'AMÉRICAIN

Vous êtes dégoûtante.

MARIE

Est-ce que vous l'embrassez?

L'AMÉRICAIN (*descend à l'autre bout de la table*)

Je ne peux pas vous répondre. Ce n'est pas une conversation.

(*Silence.*)

A qui est-ce que je peux donner ces conserves?

MARIE (*mécontente*)

Vous pouvez les mettre ici, si elles vous gênent tant que ça.

L'AMÉRICAIN (*soulagé*)

Vous êtes gentille. Je vais les chercher.

(*Il va pour sortir. Marie le retient par le bras.*)

MARIE

Est-ce que vous l'embrassez?

L'AMÉRICAIN

Jamais je n'aurais cru les filles d'ici aussi dévergondées.

MARIE

Vous êtes un hypocrite. Je sais bien que vous l'embrassez et que vous couchez avec elle.

L'AMÉRICAIN (*très choqué*)

Ah, ça! Non, alors!... Tout mais pas ça!...

MARIE

Allez, allez chercher vos conserves. Et puis, vous pouvez les garder, vos sales clips!...

(*L'Américain baisse le nez et sort Elle appelle par la porte.*)

Papa! Papa! Tu peux revenir!

SCÈNE XIII

MARIE, LE PÈRE, LE VOISIN.

LE PÈRE

Alors, tu les as, ces clips?

MARIE

Je me suis fiancée avec lui.

LE VOISIN

A la bonne heure! Comme ça, on sera tranquille. Il n'y en aura plus qu'une à marier.

LE PÈRE

Qui ça?

LE VOISIN

Catherine, pardi!

LE PÈRE

Ah! c'est vrai. J'oublie toujours que ce n'est pas un garçon. Il est bien, ton Américain?

MARIE

Il est très gentil. Il a voulu qu'on se fiance tout de suite.

LE PÈRE

A la bonne heure! Toi, tu n'as pas mis quatre ans à trouver un mari. Mais où est-ce qu'il est parti?

MARIE

Il a été chercher ses affaires.

LE PÈRE

Voilà. Alors, Marie va se marier aussi. Ça va être une belle cérémonie, on pourra faire ça le même jour.

(*Bruits d'explosions, courses, pas, coups à la porte.*)

Entrez!

(*La porte s'ouvre. Une tête passe. C'est un Allemand.*)

L'ALLEMAND

Oh, pardon!

(*La porte se referme. Hurlements de douleur en allemand.*)

MARIE

Ils sont bien nerveux, aujourd'hui.

SCÈNE XIV

LES MÊMES, ANDRÉ.

LE VOISIN

Alors, André, quoi de neuf?

ANDRÉ

Je ne sais pas ce qu'elle fait. Heinz est toujours dans sa chambre.

LE PÈRE

Ça n'a pas d'importance, on l'interrogera par la suite.

(*Il va vers la radio et manipule les boutons.*)

MARIE

Ce n'est pas l'heure.

LE VOISIN

Mais, si c'est l'heure.

(*Il regarde sa montre. On entend des crachements dans le poste.*)

LE PÈRE

Radio-Londres est difficile à avoir en ce moment.

LE VOISIN

C'est leur satané débarquement. Il y a des parasites dans tous les coins.

(*On entend l'air du « Troisième Homme ».*)

Ça y est! Tu l'as. C'était bien l'heure.

LE PÈRE

Enfin! Moi, je ne peux pas travailler sans musique.

LE VOISIN (*se frappant le front*)

Mais voilà! J'y pense. On va téléphoner à la postière.

LE PÈRE

Pourquoi?

LE VOISIN

Eh bien! pour prévenir tes enfants.

(*Musique en sourdine.*)

Demande-lui de venir.

LE PÈRE

Ah! oui. C'est une bonne idée.

(*Le voisin va téléphoner. Pendant ce temps, le père donne de grands coups de marteau sur son rabot. Entre la mère, par la porte de gauche.*)

SCÈNE XV

LES MÊMES, LA MÈRE.

LE PÈRE

Tiens, Marie. Tu sais, ta fille épouse un Américain.

LA MÈRE (*fondant en larmes*)

Ma petite fille!... Viens dans mes bras!

(*Marie se jette dans ses bras.*)

LE VOISIN (*revenant*)

Ça, alors, c'est formidable! Elle ne s'est pas trompée de fille.

LE PÈRE

Allons, allons, ne pleure pas comme ça. Tu as trait les vaches?

LA MÈRE

Oui, naturellement.

(*Elle saute en l'air.*)

Où avais-je la tête? J'ai laissé le fer électrique chauffer. Je vais retirer la prise.

(*Elle sort en courant, puis revient.*)

Dis donc, elles tiennent bien moins de place, une fois repassées.

LE PÈRE

Qui ça?

LA MÈRE

Les vaches.

(*Elle se dirige vers la sortie.*)

Je ne sais pas comment je n'y ai pas pensé plus tôt.

(*Elle sort.*)

SCÈNE XVI

LE VOISIN, MARIE, LE PÈRE, ANDRÉ.

LE VOISIN

La postière s'amène.

LE PÈRE

Qu'est-ce qu'on leur envoie, comme message? Il faut le préparer, d'ici qu'elle arrive.

LE VOISIN

Ça ne nous fait pas très longtemps. La poste est de l'autre côté de la rue.

LE PÈRE (*ils s'installent à la table*)

Justement, dépêchons-nous.

(*Ils réfléchissent tous les trois.*)

Réfléchis plus vite, André.

SCÈNE XVII

LES MÊMES, LA POSTIÈRE.

(*La postière entre par la porte de gauche.*)

LA POSTIÈRE

Je suis entrée par la cour.

LE PÈRE

Je le vois bien, que vous êtes entrée par la cour! Comment ça va chez vous?

LA POSTIÈRE

Qu'est-ce qu'on prend comme plâtras sur la gueule!

LE VOISIN

Tiens! Chez vous aussi?

LA POSTIÈRE

Qu'est-ce que ça déménage!

LE PÈRE

Je ne sais pas comment vous faites, mais moi, je trouve que c'est calme.

(*Grand bruit dehors. Deux Américains entrent en courant et referment la porte.*)

SCÈNE XVIII

LES MÊMES, LES DEUX AMÉRICAINS.

PREMIER AMÉRICAIN

Je te dois dix dollars.

DEUXIÈME AMÉRICAIN

Donne.

LE PÈRE

Bonjour, messieurs.

(*Il semble en colère.*)

LES AMÉRICAINS (*ensemble*)

Happy birthday to you
Happy birthday to you
Happy birthday to you
Happy birthday to you

On vous dérange, peut-être?

LE PÈRE

Écoutez, à la fin, ça fait cinq fois que vous venez frapper à la porte. On s'occupe de quelque chose d'important, ici. Qu'est-ce que vous voulez encore?

LES AMÉRICAINS

Excusez-nous... C'est très malhonnête... Mais on avait envie... avec les camarades... de voir une ferme française... Alors, on est venus...

LE PÈRE

Et vous n'auriez pas pu en trouver une autre que la mienne?

PREMIER AMÉRICAIN

C'est la seule qui reste debout.

LE VOISIN

Nom de Dieu! Vous voulez dire que vous avez foutu ma maison par terre?...

(*Il sort précipitamment.*)

SCÈNE XIX

LES MÊMES, MOINS LE VOISIN.

LE PÈRE

Bon, on va vous faire visiter. Mais c'est quand même assommant si, chaque fois qu'il y a un débarquement à Arromanches, tout le monde défile ici.

LA POSTIÈRE

J'aurais pas cru que les Amerlauds aimeraient les vieilles bicoques.

MARIE

Ils sont bien bâtis, ces deux-là.

(*Elle s'approche d'eux.*)

PREMIER AMÉRICAIN

Vous ne voulez pas quelques conserves?

DEUXIÈME AMÉRICAIN

Ou du chocolat?

MARIE

J'aimerais que vous me donniez vos clips...

PREMIER AMÉRICAIN

Nos quoi?...

MARIE

Vos clips... C'est un mot anglais, non?

PREMIER AMÉRICAIN (*réfléchissant*)

Je ne vois pas...

LE PÈRE

Alors, vous venez la visiter, cette maison?...

(*Elle montre les boutons de revers.*)

MARIE

Ces trucs-là.

DEUXIÈME AMÉRICAIN

On ne peut pas. On serait punis. Viens, Jerry, on va visiter la maison.

LE PÈRE

Voilà. Vous montez l'escalier et vous êtes au premier étage. Bon. Au-dessus, c'est le grenier. Vous visitez et vous redescendez. A gauche, c'est la cour, à droite, la cour, et en dessous, c'est l'autre bout de la fosse à équarrir. Il y a une trappe, comme ici. Au fait, qu'est-ce que vous en pensez?

PREMIER AMÉRICAIN

De qui?

LE PÈRE

Des frisous. Des Allemands, quoi... C'est des drôles de types, hein? Trouvez pas? Moi, je les trouve un peu bizarres.

PREMIER AMÉRICAIN

Comment ça? Il y en a, par ici?

LE PÈRE

Bien sûr, c'en est plein!

DEUXIÈME AMÉRICAIN (*tombant des nues*)

Ah, mince! Alors, je comprends pourquoi ils nous ont fait débarquer! C'est pour nous battre contre les Allemands! Tu crois qu'ils l'auraient dit!...

PREMIER AMÉRICAIN

C'est évident, maintenant. Je me rends compte aussi pourquoi on nous tirait dessus. Vous comprenez, les opérations sont faites très discrètement.

DEUXIÈME AMÉRICAIN

C'est ça, la démocratie.

(*Ils se mettent tous deux au garde-à-vous! et chantent* Happy birthday to you.)

LE PÈRE

Ça donne de bons résultats, la démocratie?

PREMIER AMÉRICAIN

On ne peut pas savoir, c'est secret. Alors, on va visiter?

MARIE

Soyez gentils... Donnez-moi vos petits trucs dorés...

DEUXIÈME AMÉRICAIN

On vous dit qu'on ne peut pas. Vous êtes complètement idiote, alors?

MARIE

Je vais vous accompagner.

LA POSTIÈRE

C'est ça, va avec eux, ça te calmera un peu.

ANDRÉ

Je pourrais y aller, moi?

LE PÈRE

Reste ici. On n'a pas encore décidé quel message on allait envoyer.

(*Les Américains et Marie vont vers l'escalier. Le père les appelle.*)

Hé! dites donc, au fait...

(Les Américains s'arrêtent et se retournent. L'un d'eux pelote ouvertement les fesses de Marie.)

DEUXIÈME AMÉRICAIN

Quoi?

LE PÈRE

Est-ce que vous connaissez mon fils, Jacques?

DEUXIÈME AMÉRICAIN

Quelle arme?

LE PÈRE

Il est dans les parachutistes.

DEUXIÈME AMÉRICAIN *(réfléchissant)*

Jacques... Jacques... Jacques, non, je ne vois pas. Il a un parachute de quelle couleur?

LE PÈRE

Bleu. Bleu vif.

DEUXIÈME AMÉRICAIN

Ah! non, nous, on en a des jaunes.

LE PÈRE

Tant pis.

(Les deux Américains sortent avec Marie et le père revient vers la postière.)

SCÈNE XX

LE PÈRE, LA POSTIÈRE, ANDRÉ.

LE PÈRE

A nous trois.

ANDRÉ

Je réfléchis. Si on leur envoyait un message comme ça : « Revenez de suite pour conseil famille. Mariage Marie. »?

LA POSTIÈRE

C'est pas original, on dirait un télégramme.

LE PÈRE

Ils ne l'accepteront pas à Radio-Londres. Il faut leur envoyer un message en clair. Pas de résumé.

(*Il réfléchit.*)

ANDRÉ

Je ne trouve rien.

LE PÈRE

Attends... voilà! « L'équarrisseur attend ses deux enfants pour le mariage de leur sœur. » Je te le dis, il faut du clair, sans ça les gens peuvent comprendre de travers et en profiter pour tout saccager, chiper des tractions avant et les couvrir de peinture blanche.

LA POSTIÈRE

Bon. Alors, je vais leur téléphoner à Londres. Mais vous savez, ça va bien prendre une heure d'attente. Il y a au moins cinq ou six officiers qui font la queue. J'ai trois communications sur Berlin et cinq sur Londres, alors ça ne va pas vite...

(*Coups violents à la porte.*)

SCÈNE XXI

LES MÊMES, DEUX ALLEMANDS EN UNIFORME.

LA POSTIÈRE

Bonjour.

DEUX ALLEMANDS

Bonjour... ça biche?

LE PÈRE

Il ne faut pas exagérer. Ça pourrait aller mieux. On est embêtés par cette histoire du mariage de Marie...

ANDRÉ

Ça biche moyennement.

PREMIER ALLEMAND

On peut s'asseoir?... On est crevés.

LE PÈRE

Mais oui... Asseyez-vous.

(*Les Allemands s'assoient à une table près de la porte et le deuxième commence à retirer ses bottes. Le premier va puiser de l'eau dans son casque, puis revient et se trempe les pieds dedans, avec ses bottes. L'autre pose les siennes sur la table. Une épaisse fumée s'en dégage.)*

LE PÈRE (*à la postière*)

Alors, vous allez le passer, ce message?

LA POSTIÈRE

Vous allez bien m'offrir un coup de schnick, non?

LE PÈRE

Bien sûr... A quoi est-ce que je pense, aujourd'hui? Et mon travail ne se fait pas, avec tout ça...

(*Il va vers le placard.*)

LA POSTIÈRE

Oh! ce n'est qu'un petit retard. Je boirai vite.

(*Les deux Allemands se redressent, comptent jusqu'à quatre et entonnent une marche.*)

Wenn die Soldaten,
Durch die Stadt marchieren,
Offnen die Mädchen...
Die Fenster und die Türen,
Ein Warum, Ein Darum, Ein Warum, Ein Darum,
Ein Küss wenn es stimmt Darassabum Darassassa (bis).

(*On entend des pas dans l'escalier et les Américains arrivent complètement débraillés, par la porte de droite.*)

SCÈNE XXII

LES MÊMES, DEUX AMÉRICAINS.

LE PÈRE

Alors, la maison vous plaît?

PREMIER AMÉRICAIN (*se reboutonnant*)

Ça sent mauvais chez vous. C'est terrible ce que ça sent mauvais...

DEUXIÈME AMÉRICAIN

C'est ça, tiens!

(*Il lui montre les deux bottes du deuxième Allemand, qui fument sur la table.*)

LE PÈRE

Je vous donne un coup à boire?

PREMIER AMÉRICAIN

Elles sont chouettes ses bottes, dis donc.

DEUXIÈME AMÉRICAIN

Mon vieux, ces types-là, ils sont drôlement équipés! Leurs pistolets, tiens, c'est autre chose que nos colts.

PREMIER ALLEMAND (*d'un ton condescendant*)

Oh! les vôtres ne sont pas si mauvais.

(*Les deux Américains se rapprochent de leur table et l'un s'appuie au dossier de la chaise.*)

DEUXIÈME AMÉRICAIN

Regardez les casques qu'on a.

DEUXIÈME ALLEMAND

Je reconnais que la forme est vraiment horrible. C'est fuyant, c'est moche...

(*Les deux Américains s'asseyent à la table des Allemands.*)

PREMIER AMÉRICAIN

Vous jouez au poker?

LE PÈRE (*s'approchant*)

Dites donc, vous devez avoir soif, tous les quatre. Vous boirez bien une goutte de calva?

PREMIER ALLEMAND

Avec plaisir.

DEUXIÈME ALLEMAND

Naturellement, merci.

DEUXIÈME AMÉRICAIN

Très volontiers.

PREMIER AMÉRICAIN

Vous êtes trop aimable.

LE PÈRE

André, apporte les verres!

PREMIER ALLEMAND

Vous avez des cartes?

PREMIER AMÉRICAIN

J'en ai.

LA POSTIÈRE (*se rapprochant insensiblement en vidant son verre*)

Remplissez-moi donc le mien. On va boire un coup avec ces garçons-là.

(*Les quatre commencent à jouer aux cartes.*)

PREMIER AMÉRICAIN (*au deuxième Allemand*)

Je vous joue vos bottes!

DEUXIÈME ALLEMAND

D'accord. Contre votre vareuse.

PREMIER AMÉRICAIN

O. K.

(*Partie de cartes, au cours de laquelle ils se déshabilleront progressivement tous les quatre et finiront par avoir chacun un équipement complètement inversé.*)

LE PERE

Quand même, ça fait plaisir, un petit verre.

(*Il revient vers l'établi et commence à taper sur le rabot. Il tapera de plus en plus fort, jusqu'à la fin de la scène.*)

PREMIER ALLEMAND

Full aux as.

DEUXIÈME AMÉRICAIN

Je vois venir.

PREMIER ALLEMAND

Ça fait un pot.

DEUXIÈME ALLEMAND

J'ouvre de dix dollars.

DEUXIÈME AMÉRICAIN

Plus vingt marks.

LE PÈRE (*raccompagnant la postière à la porte*)

Au revoir, à tout à l'heure.

(*On entend des explosions. Le bruit devient de plus en fort. Coups violents vers la porte du fond. Tous regardent dans cette direction.*)

LE PÈRE

Entrez!

PREMIER ALLEMAND

Couleur!

DEUXIÈME ALLEMAND

Flush royal!

DEUXIÈME AMÉRICAIN

Carré d'as!

PREMIER AMÉRICAIN

J'ai cinq rois!

(*Il rafle tout. Heinz entre par la porte de gauche. Le père et les autres sursautent.*)

SCÈNE XXIII

LES MÊMES, HEINZ.

LE PÈRE (*sévèrement*)

Comment, Heinz, vous n'êtes pas en train de vous battre avec vos camarades?

HEINZ (*rougissant*)

Le réveil n'a pas sonné.

(*Terrible explosion. Tous courbent la tête. Silence mortel. Pas dans l'escalier. Marie entre.*)

SCÈNE XXIV

LES MÊMES, MARIE.

MARIE

J'ai renversé un vase.

LE PÈRE (*soulagé*)

Ah! c'était ça!

(*Il se retourne vers Heinz et se croise les bras.*)

Vous exagérez...

PREMIER AMÉRICAIN

Double brelan de reines!

(*Il rafle les enjeux.*)

PREMIER ALLEMAND

J'ai mieux : séquence de sept cartes!

(*Il rafle la prise du premier.*)

DEUXIÈME AMÉRICAIN

Ça va. J'ai un flush royal de l'as au deux.

(Il rafle.)

DEUXIÈME ALLEMAND

Moi, j'ai une vraie paire de rois.

(Il se met en devoir de les dépouiller méthodiquement. Pendant ce temps, Heinz se tortille les mains.)

HEINZ *(timide)*

Vous voulez bien me faire un petit mot d'excuse pour mon capitaine?

(Marie s'approche des joueurs. Une main, de chaque côté, se glisse sous sa jupe.)

LE PÈRE

Vous me faites faire un joli métier.

(Il écrit. Rafale de mitraillette au-dehors, détonations, éclairs.)

DEUXIÈME ALLEMAND

Deux cents dollars.

PREMIER AMÉRICAIN

Plus dix marks.

DEUXIÈME AMÉRICAIN

J'en ai marre, on s'en va...

PREMIER AMÉRICAIN

Bon...

(*Il se lève, il est complètement habillé en Allemand. Son copain aussi. Ils font demi-tour et sortent en chantant :* Wenn Die Soldaten.)

PREMIER ALLEMAND

O. K.

DEUXIÈME ALLEMAND

On stoppe.

(*Les deux Allemands, complètement habillés en Américains se retournent vers le père et chantent :* Happy birthday, *et sortent.*)

SCÈNE XXV

LES AUTRES.

LE PÈRE

C'est gentil, à cet âge-là...

LA POSTIÈRE

Oui... passez-moi un coup de schnick.

LE PÈRE

Vous exagérez.

(*Coups à la porte qui s'ouvre lentement. Un type, chancelant, entre en se tenant le ventre. Silence général.*)

SCÈNE XXVI

LES MÊMES, UN SOLDAT.

LE TYPE (*haletant*)

Mande pardon, où sont les vatères?

LE PÈRE

Ils viennent de partir.

LE TYPE

Ah Hàaaaah...

(*Il tombe raide mort.*)

LE PÈRE

Dans la fosse... avec les honneurs de la guerre.

(*La postière roule le type dans la fosse.*)

SCÈNE XXVII

LE PÈRE, MARIE, ANDRÉ, LA POSTIÈRE
Entre LA MÈRE.

LA MÈRE

Dis donc, les cabinets ont disparu.

LE PÈRE

Tu ne m'apprends rien.

LA MÈRE

Alors, je m'en vais. Tu n'as plus besoin de moi?

LE PÈRE

J'ai toujours besoin de toi, ma chérie. Viens dans mes bras. Et maintenant, discutons le bout de gras.

(*A la postière.*)

Tenez, prenez le calva et emmenez ces enfants, parce que je vais être obligé de me tenir mal.

LA POSTIÈRE

Venez, les enfants, on va se taper des rincettes. C'est pas tous les jours fête.

(*La postière sort avec André et Marie en les tenant par la main comme deux gosses.*)

SCÈNE XXVIII

LE PÈRE, LA MÈRE.

LE PÈR

Guili, guili!

LA MÈRE

Ah! Écoute, Joachim, je n'ose pas...

LE PÈRE

Je ne m'appelle pas Joachim. Tu confonds avec ton premier mari. Tu sais bien, le garde-chasse.

LA MÈRE

Excuse-moi, ça m'était complètement sorti de l'idée.

LE PÈRE

Enfin, on va revoir nos enfants. Tu n'es pas contente?

LA MÈRE

Je suis émue. Je ne sais pas ce que j'ai aujourd'hui, mais ce mariage me trouble beaucoup.

LE PÈRE

Ah! ah! Ça te rappelle le tien, hein, ma poupée!

LA MÈRE

Mais non, ça ne me rappelle pas le mien. Il y a longtemps que je l'ai oublié, le mien.

LE PÈRE

Allons! Tout de même...

LA MÈRE (*le regardant fixement*)

Tu ne vas pas me dire que tu fasses quoi que ce soit pour me le rappeler?

LE PÈRE (*gêné*)

Heu... les circonstances ne s'y prêtent pas... J'ai quarante-deux ans...

LA MÈRE

Pas moi.

(*Silence.*)

LE PÈRE

Au fait, tu ne crois pas qu'on devrait donner un autre nom à Marie?

LA MÈRE

A laquelle?

LE PÈRE

A n'importe laquelle. Pourvu qu'une des deux s'appelle autrement, c'est l'essentiel.

LA MÈRE

Je ne veux pas.

LE PÈRE

Mais ça sera bien plus commode...

LA MÈRE

Tu n'aimes pas mon nom, en somme?

LE PÈRE

Si... justement... Je voudrais te le réserver. Et je crois qu'il faudrait quand même lui donner un autre nom parce que Heinz a tendance à se tromper et ça embête Marie. Elle le trouve très laid.

LA MÈRE

Si Marie n'aime pas Heinz, elle n'est pas forcée de l'épouser.

LE PÈRE

Mais, justement, je parlais de l'autre Marie. Tu vois bien que ça n'est pas commode.

LA MÈRE

C'est parce que tu es bête.

(*Il lève les bras et se tape les cuisses, découragé.*)

Enfin, c'est vrai. Voilà quinze ans qu'elle s'appelle Marie et tu voudrais changer son nom. C'est extraordinaire! Tu as toujours des idées abracadabrantes. Tu ne peux pas équarrir et rester tranquille, non?

LE PÈRE

J'en ai assez de l'équarrissage. D'abord, je perds la main et ensuite mon rabot est esquinté.

LA MÈRE (*hochant la tête*)

Tu vieillis. Je ne peux pas t'empêcher de faire ce qui te plaît, après tout. Appelle-la comme tu voudras.

LE PÈRE (*ravi*)

Enfin, je te retrouve.

LA MÈRE (*fondant en larmes*)

Ma petite fille...

SCÈNE XXIX

LES MÊMES, MARIE (*celle d'Heinz*).

LE PÈRE

Tiens, la voilà. Allons, ne pleure pas comme ça, Marie, voyons. Ce n'est rien, un changement de nom.

LA MÈRE

Ce n'est rien, non! Elle va déjà changer de grand nom en épousant son imbécile à lunettes, et maintenant, tu veux lui changer son petit nom... Qu'est-ce qui va lui rester, alors?

MARIE

Pourquoi est-ce que vous vous disputez?

LE PÈRE

Dorénavant, tu t'appelleras Cyprienne.

LA MÈRE (*relevant la tête étonnée et ravie*)

Cyprienne?... Mais c'est ravissant!

LE PÈRE (*faussement modeste*)

Heu... tu sais... ce n'est pas de moi...

CYPRIENNE

Cyprienne? Moi, ça m'est égal, au fond. Je veux bien m'appeler Cyprienne. Mais quel intérêt ça a-t-il?

LE PÈRE

Marie, c'est un peu monotone.

CYPRIENNE

Évidemment, ça se porte beaucoup. Mais Cyprienne Schnittermach, tu crois que ça sonne bien?

LE PÈRE

Certainement.

LA MÈRE

Ça fait étranger, tout de même. Enfin, tu diras ce que tu voudras, c'est ravissant.

LE PÈRE (*doucement flatté*)

Je reconnais que c'est... original.

(*Un silence.*)

CYPRIENNE

Tu ne travailles pas, papa, aujourd'hui?

LE PÈRE

Ah! non! Aujourd'hui, c'est un grand jour.

CYPRIENNE

Qu'est-ce qui se passe?

LE PÈRE

Ton frère et ta sœur viennent pour le conseil de famille.

CYPRIENNE

Quel conseil de famille?

LE PÈRE

Eh bien, mais pour ton mariage, voyons!

CYPRIENNE (*déçue*)

Ah! bon... Moi qui croyais qu'il y avait quelque chose de nouveau.

LE PÈRE

Comment, tu ne trouves pas ça nouveau?

CYPRIENNE

Je couche avec Heinz depuis quatre ans.

LE PÈRE

Est-ce qu'il t'a fait un enfant?

CYPRIENNE

Je ne crois pas... Je m'en serais aperçue...

LE PÈRE

Enfin, tu es enceinte, oui ou non?

CYPRIENNE

Qu'est-ce que ça peut te faire?

(*Elle se promène dans la pièce en chantonnant.*)

LA MÈRE

Tu sais, il faut que tu répondes, Cyprienne.

(*Elle répète rêveusement.*)

Cyprienne... J'aurais voulu m'appeler comme ça...

CYPRIENNE

Vous m'assommez, tous les deux, avec vos questions. Vous avez assez souvent regardé par le trou du mur pour savoir si oui ou non je risque d'avoir un enfant après ce que j'ai fait avec Heinz.

LE PÈRE

Comment veux-tu qu'on le sache? Tu éteins toujours la lumière et tu as graissé les ressorts de ton sommier. Et puis, d'abord, c'est André qui regarde. Moi, je remets une planche neuve tous les jours. Tu le sais très bien.

CYPRIENNE

Tu viens juste la remettre tous les jours à dix heures du soir, au moment où on se couche...

LE PÈRE

Tu me révoltes. Dieu sait si je suis éloigné de ces choses-là!...

LA MÈRE

Dieu le sait et moi aussi.

LE PÈRE

De toutes façons, tu dois nous dire si tu es enceinte.

CYPRIENNE

Zut et zut!...

(*Grand bruit au grenier. Une trappe s'ouvre et un type atterrit en parachute.*)

SCÈNE XXX

LES MÊMES, JACQUES.

LA MÈRE

Mais c'est mon petit Jacques.

JACQUES

Bonjour, messieurs-dames!

(*Embrassades.*)

LA MÈRE

Mon petit Jacques! Ça fait combien de temps que tu n'étais pas venu voir ton vieux papa et ta maman?

(*Elle fond en larmes.*)

LE PÈRE

Dis donc! Pourquoi ton vieux papa?

JACQUES

Elle n'a pas changé, maman. Toujours marrante!

(*Il embrasse sa mère.*)

Et toi, ma vieille Marie?

CYPRIENNE

Bonjour, Jacques. Tu as un beau blouson, dis donc!

(*Il l'embrasse.*)

JACQUES

Elle est devenue pas mal, Marie.

LE PÈRE

Tu peux l'appeler Cyprienne, parce qu'elle va se marier.

JACQUES

Sans blague! Ça, alors, c'est renversant.

(*Il la regarde avec stupeur.*)

Dites donc...

(*Il renifle.*)

Ça cocotte toujours autant chez vous. Beaucoup de travail, papa?

LE PÈRE

La fosse est pleine.

JACQUES (*se frotte les mains*)

Fameux!

(*La trappe se rouvre et un second parachutiste atterrit. Il est japonais.*)

SCÈNE XXXI

LES MÊMES, LE PARACHUTISTE JAPONAIS.

LE JAPONAIS

Hikra aram bul cuiculoc mic arrhoû?

LE PÈRE (*compte sur ses doigts*)

C'est pas Jacques, c'est pas Catherine. C'est pas Marie... C'est pas un de mes enfants.

JACQUES

Vous vous trompez d'endroit.

LE JAPONAIS (*souriant largement et très poliment*)

Crô Huc ano maghô trucmuche?

LE PÈRE

Mais comment donc!...

(*Le Japonais tire un poignard de sa ceinture et se fait harakiri en ajoutant : « Couic!... »*)

JACQUES

Pas d'erreur, c'est bien un Japonais. Qu'est-ce qu'on en fait?

LE PÈRE

Il n'y a qu'à le mettre dans la fosse. Je le ferai avec les autres.

(*Ils soulèvent le cadavre et le jettent dans la fosse.*)

LA MÈRE

Cyprienne! Essuie par terre. C'est dégoûtant!

(*Le père et Jacques reviennent. Pas dans l'escalier. Coups à la porte de droite.*)

SCÈNE XXXII

LE PÈRE, LA MÈRE, CYPRIENNE.

JACQUES (*en Américain*) *et* CATHERINE *en parachutiste pin-up : petites bottes rouges, petite jupe plissée extra-courte, blouse kaki, petite culotte rouge, poitrine terrible et bonnet de l'armée rouge. Deux étoiles rouges sur les seins.*

LE PÈRE

Ah! Cette fois, c'est elle!...

LA MÈRE

Bonjour, ma chérie.

(*Embrassades. Catherine embrasse sur la bouche, à la russe, son père et Jacques, qui restent pantelants.*)

CATHERINE

Ça fait plaisir de se sentir chez soi.

(*Elle renifle.*)

LA MÈRE

Tu n'as pas eu trop de mal à venir, ma chérie?

CATHERINE

Ben, si, tu sais, d'en haut, on n'y reconnaît pas grand-chose. Il y a eu du chambardement, par ici?

LE PÈRE

Tu parles qu'il y en a eu! L'année dernière, le père Durosier a fait abattre ses trois ormes.

LA MÈRE (*réfléchissant*)

Mme Lecoin a fait bâtir un clapier de six mètres de long!...

JACQUES

Sûr, ça change le paysage, mais on a trouvé quand même, tu vois!

(*Il renifle ostensiblement.*)

CATHERINE

Alors, Marie, c'est toi qui es fiancée?

CYPRIENNE

Tu peux m'appeler Cyprienne.

CATHERINE

Enfin! Ils se sont décidés à te changer de nom!

JACQUES

Et où est Marie?

LA MÈRE

Mais elle est là, mon petit. On te répète qu'elle s'appelle Cyprienne...

LE PÈRE

Mais non, c'est l'autre, voyons... Elle vient justement de se fiancer ce matin avec un Américain, un de tes compatriotes... Tiens, au fait, il n'est pas encore revenu. Qu'est-ce qu'il fiche, encore, celui-là? Elle doit être en train de se faire belle pour votre arrivée. Tu vas la trouver dans sa chambre.

SCÈNE XXXIII

Arrive MARIE.

LE PÈRE

Tiens, la voilà.

JACQUES (*se précipitant sur elle et l'embrassant dans le cou*)

Bonjour, ma poulette.

LE PÈRE

Eh bien, Jacques, veux-tu laisser ta sœur tranquille... elle n'a plus douze ans... Tu ne vas pas coucher avec elle, quand même?

JACQUES

Tu ne l'as jamais fait, toi, non?

LE PÈRE (*indigné*)

Certainement que non! Espèce de cochon!

JACQUES

Eh bien, ça suffit d'un crétin dans la famille.

(*Il rit.*)

CATHERINE

Dis donc, Cyprienne, il est là ton fiancé.

CYPRIENNE

Non, c'est l'heure où il se bat... Oh, il était en retard, papa a été obligé de lui faire un mot pour son capitaine... Ils sont très sévères avec lui...

LE PÈRE

Allons, tas de chenapans, venez boire; asseyez-vous autour de cette table et restez tranquilles.

(*Tous s'approchent et s'installent de telle sorte que Cyprienne se trouve seule, isolée du groupe, comme une accusée. Après avoir bu, Catherine casse son verre contre le mur. Personne n'y fait attention.*)

LE PÈRE (*se levant*)

Maintenant, venons au fait, Cyprienne!

CYPRIENNE

Oui, papa.

LE PÈRE

Tu es fiancée à Heinz. Tu as l'intention de l'épouser Tu comprends bien qu'il n'est absolument pas question

(*Il martèle ses mots.*)

de te marier sans le consentement de ta famille. Par conséquent, c'est la logique même, tu dois répondre à tout ce que nous allons te demander, en donnant des détails précis, afin de nous permettre de formuler un jugement en toute objectivité, sur la foi duquel tu te marieras, ou non, suivant la décision prise en fin de compte.

(*Il s'effondre épuisé.*)

JACQUES (*se levant*)

Tu te rends bien compte que nous n'avons pas fait tout ce chemin pour rien. En sorte qu'il paraît nécessaire que tu nous donnes les renseignements circonstanciés qui, seuls, auront pour effet de nous éclairer.

(*Il se rassied.*)

CATHERINE (*se levant*)

Je ne sais pas quoi dire, car il me semble qu'ils ont tout dit.

(*Elle se rassied. Silence. Ils la regardent tous. Le père se redresse peu à peu.*)

LE PÈRE

Alors, pour la dernière fois... réponds à ma question. Est-ce que tu es enceinte des œuvres du dénommé Heinz Schnittermach?

JACQUES (*se levant*)

C'est un nom affreux.

(*Il s'assied. La mère fond en larmes. Marie la calme.*)

LE PÈRE (*à la mère*)

Marie, est-ce que tu as rentré la grande échelle?

LA MÈRE

Mon Dieu!... J'avais complètement oublié.

(*Elle sort affolée.*)

LE PÈRE

Cyprienne!... Réponds!...

CYPRIENNE

Je ne répondrai pas.

LE PÈRE

Il va donc falloir que nous ayons recours à des mesures draconiennes, du nom de leur inventeur.

JACQUES

Comme la lune.

LE PÈRE

Marie, remonte dans ta chambre.

(*Marie se lève et va vers la porte, suivie de Jacques.*)

Jacques! Reste ici.

JACQUES

Vous êtes bien assez sans moi.

(*Il se rassied.*)

CYPRIENNE

Je comprends pourquoi tu m'as fait changer de nom. Sans ça, je serais remontée dans ma chambre aussi et tu n'aurais rien pu dire.

(*Marie sort.*)

SCÈNE XXXIV

LES MÊMES, *moins* MARIE.

LE PÈRE

Couchez-la sur l'établi.

(*Catherine et Jacques s'emparent de Cyprienne.*)

JACQUES

Avec quoi va-t-on la travailler?

(*Ricanement diabolique.*)

CATHERINE

J'ai des cigares.

LE PÈRE

Je ne peux pas supporter l'odeur du cigare.

(*Catherine hausse les épaules. Elle et Jacques ficellent Cyprienne sur l'établi.*)

CYPRIENNE

Moi non plus, mais je ne voudrais pas que mon opinion puisse vous influencer en quoi que ce soit.

LE PÈRE

Quand je dis que je ne peux pas supporter l'odeur du cigare, ce n'est pas une figure de rhétorique. Positivement, il y a deux choses que je ne peux pas supporter : d'une part, un rabot mal affûté, et, d'autre part, avoir les pieds humides.

JACQUES

Qu'est-ce que tu fais de l'odeur des cigares?

LE PÈRE

A la longue, ça se dissipe. Et puis, ici, tu sais, on ne la sentirait pas. Moi, je crois qu'il vaut mieux la chatouiller.

(*Ils achèvent de lier Cyprienne, qui ne fait pas un mouvement. Le père cherche des instruments.*)

JACQUES

Écoute, Cyprienne, on a l'air de revenir pour t'embêter, mais c'est pourtant bien simple ce qu'on te demande. Si tu voulais répondre tout de suite, tu nous épargnerais une scène spectaculaire, je le reconnais, mais pénible.

CYPRIENNE

Qu'est-ce que tu veux que je te dise, Jacques, vous êtes tous là à vous jeter sur moi comme des poux sur un crâne. Je suppose que vous êtes aussi gênés que moi. Remarque, à votre place, j'en ferais autant, parce que je sais que c'est le seul moyen de me faire parler. Je suis têtue comme une mule et je ne veux pas vous répondre.

JACQUES

Eh bien, ma vieille, on va te chatouiller.

(*Il s'approche et commence. Cyprienne se tort.*)

LE PÈRE

N'aie pas peur d'y aller, elle est forte comme un cheval... et je m'y connais. Tiens, voilà une plume de pintade, ça n'a pas d'équivalent.

JACQUES

Apporte-moi un brin de paille.

(*Cyprienne hurle de joie.*)

Oh!... Cyprienne, je t'en prie... tu me fais mal à la tête.

(*Cyprienne redouble.*)

LE PÈRE

Fais attention à cette plume, Jacques... J'y tiens. Quelle entêtée... Vas-tu répondre, petite dinde?

(*Cyprienne remet ça.*)

CATHERINE (*se remettant du rouge*)

Tu sais, Cyprienne, tu me déçois, je ne pensais pas que tu sois si renfermée. J'aurais cru qu'avec tes frères et ta sœur, tu te montrerais plus confiante, plus affectueuse, enfin.

JACQUES (*s'essuie le front*)

Vraiment, c'est idiot. Pourquoi est-ce que tu ne veux pas répondre? Enfin, voilà un type avec qui tu couches depuis quatre ans, tout le monde le sait, tout le monde vous a vus; d'ailleurs, il n'y a aucun mal à ça, je m'empresse de l'ajouter, et, stupidement, par mauvaise volonté, pour on ne sait quelle raison, tu refuses de nous dire si tu es enceinte ou non. Ça n'a pas le sens commun. On se demande ce que tu ferais s'il t'arrivait vraiment quelque chose de sérieux.

CATHERINE

On revient ici. On est tous contents de te voir, de voir ton fiancé. On s'apprête à se réjouir gentiment, en famille à revoir papa et maman.

(*Elle essuie une larme.*)

Et puis tu ne veux rien nous dire; tu es plus étrangère que si tu n'étais pas de la famille.

JACQUES (*ému, lui aussi, voix entrecoupée*)

Nous étions en droit d'attendre autre chose que cette réception-là.

(*Il renifle.*)

LE PÈRE (*sanglotant*)

Cyprienne... Ma petite fille... Jamais je n'aurais cru que tu nous traites comme ça!...

CATHERINE (*essuie ses yeux à la dérobée et va s'asseoir*)

Cyprienne, nous avons tous de la peine à cause de toi, et tu restes là, sans rien dire.

(*Cyprienne se tord de rire.*)

LE PÈRE

Tenez, je vais vous donner des clous. On va la fixer un peu plus solidement. On s'obstine toujours à attacher les gens avec des cordes, alors que c'est tellement plus facile de les clouer.

JACQUES

Ça va abîmer l'établi.

LE PÈRE

Ça ne fait rien. Malgré tout, on ne va pas tenir compte d'une question d'établi dans un cas comme celui-là, où le mariage de ta sœur est en jeu. Tiens, voilà le marteau, Jacques.

JACQUES

Non, après tout, on va prendre du chatterton.

LE PÈRE

Prends-le, Catherine, il est dans l'armoire à outils.

CATHERINE

J'y vais.

(*Elle y va, et pendant ce qui suit, elle s'emmêlera affreusement dans le chatterton.*)

JACQUES

Ça me coupe les jambes, papa... j'ai jamais pu supporter les chatouilles et c'est comme si l'on me le faisait à moi... Relaie-moi, papa...

LE PÈRE

Allons! allons! toi, un héros! De mon temps, en 1890, on n'aurait pas admis qu'un parachutiste se dégonfle.

(*Cyprienne s'enroue et tousse.*)

JACQUES

Vous receviez une éducation de sauvages, aussi, de ton temps.

LE PÈRE (*sévère*)

Jacques, ne fais pas tousser ta sœur. Ce n'est pas toi qui lui paies des leçons de chant à 200 francs par mois!

JACQUES

Toi non plus.

LE PÈRE

Non, mais j'en avais l'intention... Allons, Catherine, veux-tu cesser de faire l'imbécile? Oh! ces enfants...

CATHERINE (*emmêlée affreusement*)

Aide-moi, papa, coupe tout ça.

(*Il s'exécute en maugréant.*)

CATHERINE (*revient à sa sœur*)

Réponds, est-ce que oui ou non Heinz t'a fait un enfant?

CYPRIENNE

Je ne dirai rien, je ne dirai rien... Ouille!... Laisse-moi...

(*Vaincue, elle explose, hystérique.*)

Arrêtez... Je vais le dire.

LE PÈRE

Elle connaît les endroits, hein, Catherine. C'est un vrai garçon manqué. Allons, Cyprienne, est-ce que tu vas avoir un enfant?

CYPRIENNE

Non...

JACQUES

C'est bien vrai?

CYPRIENNE

Oui...

CATHERINE

Tu ne mens pas?

CYPRIENNE

Je dis la vérité.

LE PÈRE

Eh bien, tu sais, tu n'es pas bavarde!...

(*Il se laisse tomber assis sur une chaise.*)

JACQUES (*d'une voix brisée*)

Donne-moi à boire, papa...

(*Tous s'empressent autour de lui.*)

CYPRIENNE (*furieuse, les calotte l'un après l'autre, à l'improviste. Ils se tiennent tous la joue*)

Pourquoi m'avez-vous fait ça?... Pourquoi m'avez-vous fait ça?... Je ne voulais pas le dire... là...

(*Coups à la porte.*)

LE PÈRE

Pour savoir s'il fallait que tu épouses Heinz. Maintenant, nous savons qu'il ne t'a pas fait d'enfant. Tout est donc à recommencer. Il faut réparer ça au plus vite. Tu vas l'épouser aujourd'hui même. Tu es contente, hein? Imbécile!

SCÈNE XXXV

LES MÊMES, UN GRAND F. F. I. SIMPLE SOLDAT, *avec une barbe noire et cinquante ans*, UN PETIT F. F. I., COLONEL *de quatorze ans. Brassards.*

LE PÈRE

Entrez!

LE VIEUX F. F. I.

Je vous présente : Vincent, dit Barbeblanche, F. F. I. et le colonel Loriot.

LE COLONEL LORIOT

Repos!

LE PÈRE

Vous désirez?

VINCENT

Il paraît qu'il y a un Amerlo chez vous?

LE COLONEL LORIOT

Oui... On nous a dit que... On l'a vu, quoi...

LE PÈRE

Ah! ça doit être mon fils Jacques. Mais entrez donc. Faites comme chez vous!...

VINCENT (*à Jacques, très mondain*)

Alors, comme ça, vous avez débarqué?...

JACQUES

Oh!... Je suis revenu marier ma sœur, c'est tout.

LORIOT

Comment est-ce en Amérique?

JACQUES

Je ne sais pas, moi, vous savez, je suis d'ici.

VINCENT (*déçu*)

Ah!... Excusez-nous. On croyait que c'était l'uniforme américain...

LE COLONEL LORIOT

Vous savez, nous, on n'a pas l'habitude; on est F. F. I. depuis ce matin.

LE PÈRE

Vous m'avez fauché ma voiture?

VINCENT

Qu'est-ce que c'est?

LE PÈRE

Une Delage.

LE COLONEL LORIOT

Une Delage traction avant?

VINCENT

Mais non, colonel, tu déconnes, il n'y a pas de Delage traction avant...

LE COLONEL LORIOT

Ah... bon...

VINCENT (*expliquant*)

Vous savez, nous, c'est les tractions avant qui nous intéressent.

LE PÈRE

Vous devriez prendre celle du voisin. Elle est toute neuve.

LE COLONEL LORIOT

Quel numéro?

LE PÈRE

Cinq milliards quatre cent quatre-vingt-sept millions six cent mille zéro deux.

VINCENT

C'est ça, c'est celle du colonel. Mais on en cherchait une pour moi.

LE PÈRE

Je suis désolé...

LE COLONEL LORIOT

Ça ne fait rien...

VINCENT

Tu t'en fous, toi, tu en as une.

(*A Jacques.*)

Les jeeps, comme ils disent,

(*Il prononce gèpes.*)

ça marche?

JACQUES

Je ne sais pas, moi, je me sers d'un parachute.

VINCENT (*à Catherine*)

Vous savez, vous, mademoiselle?...

CATHERINE

Je suis parachutiste aussi...

VINCENT ET LORIOT (*se levant*)

Ah... Eh ben, alors... On s'en va. Bonsoir, messieurs-dames.

LE PÈRE

Bonsoir. A bientôt.

VINCENT

Oh, non... Une Delage, ça ne nous tente pas. C'est trop voyant...

LE PÈRE

Je regrette...

(*Il les conduit à la porte. Catherine a fini de dégager Cyprienne et l'entraîne vers l'escalier.*)

SCÈNE XXXVI

LE PÈRE, JACQUES.

LE PÈRE (*à Catherine qui sort*)

Ramène Marie.

JACQUES (*brisé*)

Il faut appeler maman.

CATHERINE

Oh, Jacques, écoute, tiens-toi un peu. Qu'est-ce que ça sera quand on te mariera si tu es déjà dans cet état-là pour ta sœur...

(*Elle sort.*)

JACQUES

Maman!... Maman!...

(*Remue-ménage du côté de la fosse. Émerge le voisin, tout couvert de terre et d'ordure et les doigts écartés, tâtonnant.*)

SCÈNE XXXVII

LES MÊMES, LE VOISIN.

LE PÈRE

Tiens! qui sort de ma fosse?

(*Il regarde attentivement.*)

Mais c'est notre voisin...

LE VOISIN

C'étaient des blagues, mon vieux.

LE PÈRE

Quoi? Quelles blagues?

LE VOISIN

La maison n'était pas du tout par terre. Alors, je m'amène, je vois ça, tu penses, ça m'a fichu un choc. J'ai fait le tour de la cave au grenier, pour être sûr que tout était en place. Du grenier à la cave, plutôt. Je suis rassuré.

LE PÈRE

Pourquoi sors-tu de ma fosse à équarrir?

LE VOISIN

Eh bien, juste au moment où j'allais remonter, j'ai entendu du bruit et le plafond de ma cave m'est tombé sur la gueule. Alors, j'ai creusé vers toi... au jugé.

(*Il renifle.*)

Mais je suis quand même content que la maison n'ait rien.

LE PÈRE

Ah! bon... Alors, je comprends.

LE VOISIN

Faudra que tu m'aides à réparer le plafond de ma cave.

LE PÈRE

Oh, on fera ça demain. Aujourd'hui, on s'occupe de la petite. Tout est pour elle, maintenant...

JACQUES

Papa, va chercher maman...

LE PÈRE

Mais oui, mon petit, je vais l'appeler. J'allais le faire.

LE VOISIN

Ne lui passe donc pas tous ses caprices...

LE PÈRE

Jacques a toujours été plus affectueux que les autres. Et puis ce n'est pas un caprice; tu te figures qu'on va marier Cyprienne sans sa mère?

(*Pendant ce temps, il range des outils, puis il va vers la porte de droite et appelle : Marie!... Elle entre par la porte du fond.*)

SCÈNE XXXVIII

LES MÊMES, LA MÈRE.

LA MÈRE

Me voilà.

(*Affolée.*)

Qu'est-ce qu'il y a? Jacques est couché?

(*Elle fond en larmes.*)

Un accident? Mon petit garçon!

LE PÈRE

Dis donc, Marie, as-tu vu si le troisième cochon a eu sa soupe?

LA MÈRE

Le troisième cochon?... Il y a un troisième cochon et tu ne me l'as pas dit?... Je vais le voir.

(*Elle va pour sortir. Le père lui court après.*)

LE PÈRE

Mais non, mais non, reste ici, voyons. C'est une blague!

LA MÈRE (*vexée*)

Tu me fais toujours des blagues...

(*On s'attend qu'elle fonde en larmes, mais elle se ressaisit et envoie un formidable direct dans l'estomac du père.*)

LE PÈRE (*suffoqué*)

Ouille!...

(*Il se tient le ventre et saute sur place. La mère, regarde son poing, étonnée, puis laisse retomber sa main.*)

Mais, enfin, Marie... Tu deviens folle?

LA MÈRE (*fondant en larmes*)

Aussi... pourquoi me racontes-tu toujours des blagues?

JACQUES

Maman!... Viens me consoler!...

LA MÈRE (*s'élançant vers lui*)

Oui, mon chéri! Tu n'as rien de grave au moins!...

JACQUES

Je voulais te voir...

(*Elle le dorlote. Le père, chancelant, revient vers son établi. Le voisin se tord silencieusement.*)

LE PÈRE (*au voisin*)

Ça te fait rire, vieux débris?

LE VOISIN (*offensé*)

Vieux débris! Je suis du même jour que toi!...

LE PÈRE

Tu es né trois heures avant moi.

LE VOISIN (*maté*)

Je le reconnais.

(*Silence.*)

Peux-tu me prêter un outil? Je voudrais gratter cette terre.

LE PÈRE

Tu m'embêtes, tu vas tout faire rouiller.

(*Il lui tend un gros clou en maugréant.*)

LE VOISIN

La peste soit des avares et des avaricieux.

(*Coups à la porte.*)

SCÈNE XXXIX

Entrent LES DEUX ALLEMANDS *et* LES DEUX AMÉRICAINS *chanteurs. Ils ont complètement mélangé leurs uniformes.*

PREMIER AMÉRICAIN

Écoutez ça... On vient de répéter... *Eins, zwei...* (Chœur : *Wenn die Soldaten.*)

PREMIER ALLEMAND

Merci de votre aimable attention.

(*Ils font la référence et sortent.*)

SCÈNE XL

LES MÊMES, LA MÈRE.

LA MÈRE

Allez, mon Jacquot, je t'ai assez dorloté, maintenant...

JACQUOT

Oh !... non... encore...

LA MÈRE

Écoute, Jacquot... ce n'est pas de ton âge...

LE VOISIN

Là, je suis à peu près propre.

LA MÈRE

Si la jeunesse dansait un peu.

LE VOISIN (*se levant*)

C'est ça, je vais chercher mon violon.

(*Il va à la porte et sort.*)

SCÈNE XLI

LE PÈRE, LA MÈRE, JACQUES.

LE PÈRE

Allons, Jacques... On t'a assez cajolé, maintenant. Lève-toi et aide ton père à débarrasser la pièce.

LA MÈRE

Mettez la table à gauche, là, je la dresserai tout à l'heure pour le repas.

(*Ils déménagent la table. Rentre le voisin.*)

SCÈNE XLII

LES MÊMES, LE VOISIN.

LE VOISIN (*tenant à la main un violon flambant neuf*)

J'ai eu de la veine de le trouver du premier coup.

(*Au père.*)

Il était sous l'évier, au beau milieu du salon. Dis donc, pour le plafond de la cave, on commencera par enlever ce qui reste de la maison. Comme ça, on verra ce qu'on fait.

LE PÈRE

Oui... oui... on verra ça demain. Mais, dis donc...

(*Il est frappé d'une idée subite.*)

LE VOISIN

Quoi?

LE PÈRE

Tu vas toucher des dommages de guerre...

(*Ils se tordent tous les deux à en perdre la respiration. Entrent Catherine et Marie.*)

SCÈNE XLIII

LES MÊMES, CATHERINE, MARIE.

MARIE (*a changé de robe. Très pute*)

Oh, mais qu'est-ce que vous avez fait, ici?

(*Battant des mains.*)

On va danser?

LA MÈRE

Tu as mis ta robe neuve?

MARIE

L'autre était déchirée...

LE VOISIN

Allez, en place, les danseurs.

(*Il prend son violon et commence à jouer un air vachement swing.*)

LE PÈRE

Allez, Catherine, viens danser avec moi...

(*Le violon s'arrête.*)

LE VOISIN

En réalité, il vaudrait mieux que les fiancés ouvrissent le bal.

LA MÈRE

Je vais les chercher.

LE PÈRE

Je vais téléphoner à Heinz.

(*A la mère.*)

Où se bat-il en ce moment?

LA MÈRE

Oh! il est à cinq cents mètres. Demande son capitaine, Künsterlich, il s'appelle.

LE PÈRE

Bien.

(*Il téléphone. La mère sort. Le voisin accorde son violon. Catherine regarde autour d'elle et Jacques se lève et s'étire. Marie esquisse toute seule quelques pas de danse au milieu de la pièce vide. Masquant le récepteur de la main, au voisin :)*

Tais-toi donc, vieux crétin. Je n'entends pas un mot de ce qu'il dit.

(Violente explosion, puis crépitement ininterrompu de mitrailleuse. Le père termine posément et raccroche. Le bruit diminue.)

Il arrive tout de suite. Le capitaine me l'envoie dans un instant, ils ont encore trois mètres à faire et ça y est. Ils finissent leurs heures supplémentaires. D'après ce qu'il dit, ça se présente bien.

JACQUES (*indifférent*)

Pour qui?

LE PÈRE

Oh! pour les deux. Pour les Américains et les Allemands. Le capitaine n'est pas très fixé, mais il est optimiste.

(Entrent la mère, puis Cyprienne avec un petit sparadrap.)

LE PÈRE

A la bonne heure! Voilà ma grande fille.

(Elle se laisse embrasser.)

Eh bien, voilà qui est parfait. Tu es en forme, au moins?

CYPRIENNE

Oui, naturellement.

LA MÈRE

On va te faire une surprise. Ton fiancé sera là dans cinq minutes. Tu ouvriras le bal avec lui.

LE PÈRE

Tu vois qu'on fait tout ce qu'on peut pour que tu sois heureuse.

CYPRIENNE

Vous ne pourriez pas me trouver un autre fiancé, pendant que vous y êtes?

LE PÈRE (*riant aux éclats*)

Ah! ah! Sacrée Cyprienne. Allons, tu es bien contente de l'épouser, ton Heinz!...

(*Cyprienne approuve, l'air dégoûté.*)

LE VOISIN

Je ne sais pas ce qu'a mon violon, je ne peux plus changer de vitesse.

(*Il manœuvre un petit levier sur le violon. Détonation sèche.*)

Ah! ça marche...

LE PÈRE

Tu nous as fait peur.

JACQUES

Vous pouvez jouer le « Bon Petit Vin Blanc »?

LE VOISIN

Non, je ne connais pas ça. Moi, je n'aime que la musique américaine.

JACQUES

Alors, vous jouez « Sweet Adeline »...

LE VOISIN

Mais non, des trucs comme « Sweet Sue », « Swanee River »...

LA MÈRE

Est-ce que tous les airs américains commencent donc tous par un S?

JACQUES

Mais non, maman, tu es idiote.

LA MÈRE (*détachée*)

Ah! bon!

LE VOISIN

Qu'est-ce qu'il fabrique, le fiancé? Il faudrait qu'il se dépêche pendant que mon violon marche encore.

(*Coups à la porte.*)

TOUS

Ah!... Oh!... Le voilà!

(*Entrent deux sœurs de charité.*)

SCÈNE XLIV

LES MÊMES, DEUX SŒURS DE CHARITÉ.

PREMIÈRE SŒUR

Pour les pauvres de la paroisse, s'il vous plaît!

TOUS

Hou! hou!...

(*Ils se précipitent sur les sœurs et les éjectent.*)

LE PÈRE

Un jour comme ça... C'est du culot!...

(*Coups à la porte. Silence de mort.*)

SCÈNE XLV

LES MÊMES, *moins* LES DEUX SŒURS *plus* HEINZ *et* LE CAPITAINE.

(*Timides et rougissants, ils saluent en portant la main à la casquette.*)

HEINZ

Bonjour, Marie.

CYPRIENNE

Bonjour, Heinz... Il faut que tu m'appelles Cyprienne maintenant.

HEINZ

Oui... Tu es blessée?

CYPRIENNE

Ce n'est rien. J'ai ouvert des boîtes de conserves.

HEINZ (*amer*)

Des boîtes de conserves américaines, naturellement...

CYPRIENNE

Mais non, mon chéri, des conserves de rutabaga.

(*Elle va vers lui et l'embrasse. Détente générale.*)

CATHERINE

Alors, c'est vous le fiancé de Cyprienne?

CAPITAINE KÜNSTERLICH

Est-ce que je peux dire quelques mots?

LE PÈRE

Mais nous vous en prions, capitaine. Mes enfants, je vous présente le capitaine Künsterlich.

(*Sourires, hoche-tête, etc.*)

Alors, capitaine, ça va, là-bas?

LE CAPITAINE

C'est justement ça... A vrai dire, ça va comme ci, comme ça...

LE PÈRE

Tout à l'heure, au téléphone, ça allait bien, pourtant; vous aviez l'air content.

LE CAPITAINE

Eh bien, bien sûr, ça n'était pas la même chose. Tout à l'heure, j'en avais encore cent neuf sur cent vingt dans mon corps d'armée, et maintenant, tout d'un coup, là, il reste Heinz et moi.

LA MÈRE

Oh!... mais, alors, les amis de Heinz ne vont pas pouvoir assister à son mariage?

LE CAPITAINE

J'en suis bien désolé, madame, j'ai bien peur que Heinz ne puisse pas se marier maintenant. Heinz, mon vieux Heinz!

(*Heinz se blottit dans les bras de Cyprienne.*)

LE PÈRE

Mais pourquoi?

CATHERINE

Ça n'a pas d'importance, si ses camarades ne peuvent pas venir.

LE CAPITAINE

Ce n'est pas ça, c'est que si je n'ai plus de soldats, je ne suis plus capitaine.

LA MÈRE (*enjôleuse*)

Vous y tenez tant que ça à être capitaine?

LE CAPITAINE

On est considéré, vous savez. Allez, Heinz, dis au revoir à ces messieurs-dames et viens chercher notre téléphone. C'est tout ce qui reste. Ces Américains cassent absolument tout.

(*S'avisant de la présence de Jacques.*)

Ne vous vexez pas surtout, je ne disais pas ça pour vous.

(*Geste de Jacques. Le capitaine constate l'hostilité générale.*)

Vous comprenez la délicatesse de ma position.

(*A la mère.*)

Madame, ne me regardez pas comme ça... Ça n'est pas ma faute si les cent dix-huit autres sont morts. Qu'est-ce que vous voulez, il me faut au moins un soldat, n'est-ce pas?... Faites-moi sentir que vous me comprenez!...

(*Pendant ce temps, Catherine furette sur l'établi et se trouve derrière lui. Elle saisit un marteau et l'assomme. Il tombe dans la fosse que le voisin vient d'ouvrir en manœuvrant le levier.*)

CATHERINE

Allez. On va les marier en vitesse. Toi, maman, tu vas vite préparer le dîner de mariage.

(*Elle regarde sa montre.*)

Et comme ça, si on s'y met tous, on peut être prêts à l'heure et tout sera réglé.

JACQUES

Je reviens tout de suite.

(*Il sort.*)

LA MÈRE

Heinz, Cyprienne, venez chercher des œufs avec moi.

(*Ils sortent.*)

Mettez le couvert, vous autres.

(*Entre André.*)

CATHERINE

André, nous manquons de femmes. Tu vas aller t'habiller en fille.

ANDRÉ

Vous êtes folle? Non, mais alors! Je ne veux pas!...

CATHERINE

Mais si... Tu veux bien?...

(*Elle le regarde d'une certaine façon. André sort. Le père s'étire et regarde Catherine avec admiration.*)

SCÈNE XLVI

CATHERINE, LE PÈRE, LE VOISIN.

LE PÈRE

Toi, au moins, tu en as une drôle de paire...

LE VOISIN

Ça, c'est vrai, tu en as un drôle de père...

LE PÈRE (*sèchement*)

Ce n'est pas du tout ça que j'ai dit, sinistre vieillard. Aide-moi à préparer tout pour le déjeuner. Catherine, tu veux mettre la nappe?

CATHERINE

Mais papa, la table est encombrée.

LE PÈRE

C'est rien, on va débarrasser.

(*Au voisin.*)

Débarrasse la table, toi, au lieu de te tourner les pouces sans arrêt.

LE VOISIN (*maugréant*)

J'ai jamais su me tourner les pouces et tu viens me reprocher ça.

(*A la dérobée, il essaie de se tourner les pouces.*)

LE PÈRE

Tu n'as pas fini?

(*Il lui donne une grande claque sur la main.*)

Débarrasse la table, je te dis.

LE VOISIN

Va te faire...

(*Œil terrible du père.*)

Va te faire un peu la barbe, voyons, pour le mariage de ta fille...

(*Le voisin va à la table, prend un grand bout de bois et racle tout par terre.*)

LE PÈRE

Enfin, tu t'y mets...

(*Catherine arrive avec une nappe.*)

Allez-y, mes enfants.

SCÈNE XLVII

LE PÈRE, CATHERINE, LE VOISIN, ANDRÉ.

(*André entre en fille.*)

ANDRÉ (*pleurnichant*)

Pourquoi m'avez-vous fait habiller comme ça, Catherine? J'ai l'air d'un crétin.

CATHERINE

Mais non, tu es très gentil.

(*Silence. Ils arrangent la table. Fleurs sur la table. Une grosse varlope sur la table. Des squelettes de têtes de chevaux sur chaque assiette, une serviette entre les dents.*)

ANDRÉ

Catherine, est-ce que je peux remettre mes souliers bas? Chaque fois que je marche, je me casse la gueule.

LE VOISIN

Entraîne-toi, sacré nom! Ce n'est pas plus difficile que de faire du trapèze, quand même!

ANDRÉ

Je ne sais pas faire de trapèze non plus.

(*Catherine hausse les épaules. Silence. André se lève, essaie de marcher, et se fout par terre après une cabriole invraisemblable.*)

ANDRÉ

Oh!... Mâerde!...

LE PÈRE

Passe-moi tes souliers, je vais t'arranger ça.

(*André, assis par terre, se déchausse et donne ses souliers au père, qui visse sous chaque talon une large plaquette de bois, puis les lui rend.*)

ANDRÉ

Comme ça, ça va aller mieux, sûrement.

(*Il les met, marche avec, se prend un pied dans l'autre. Nouvelle chute encore plus effrayante. Il reste là quelques instants.*)

LE VOISIN

Je vais faire pipi.

(*Il sort.*)

LE PÈRE

Fais un peu attention, Jacqueline...

(*André ne bouge pas.*)

Tu entends?

ANDRÉ

C'est à moi que vous parlez?

LE PÈRE

Oui. Je ne peux pas t'appeler André, habillé comme tu es. J'ai l'impression de parler à un pédéraste. J'ai horreur de ça.

ANDRÉ (*effondré*)

Moi aussi.

(*Il se relève. Coups à la porte.*)

SCÈNE XLVIII

LE PÈRE, ANDRÉ, L'ALLEMAND DU PREMIER ACTE (*qui avait laissé son fusil pour mieux courir.*)

L'ALLEMAND

Bonjour, monsieur, bonjour, mademoiselle.

(*André fait un sourire et une révérence.*)

Vous me reconnaissez, oui? Oui?

LE PÈRE

Non.

L'ALLEMAND

J'avais laissé là, ce matin, un fusil, un canon et des armes. Est-ce que je peux les reprendre, oui?

LE PÈRE

Si vous les trouvez. On les a peut-être rangés.

L'ALLEMAND

Vous préparez la table? C'est pour célébrer l'événement, oui, oui?

LE PÈRE

Quand on marie sa fille, on peut bien mettre les petits plats dans les grands.

L'ALLEMAND

Certainement, oui, oui, ça tient moins de place dans la totalité.

LE PÈRE

Au fait, vous voulez peut-être rester là? C'est qu'il n'y a plus beaucoup de place, je crois...

(*Il regarde avec inquiétude du côté de la fosse.*)

L'ALLEMAND

Je ne veux pas vous déranger dans vos préparatifs.

(*Il jette un coup d'œil à André, qui baisse la tête en rougissant.*)

Mais je resterais volontiers, certainement monsieur.

LE PÈRE

Alors, habillez-vous en fille. Et, comme ça, vous aiderez Jacqueline à mettre la table.

L'ALLEMAND (*déçu*)

Ah!... C'est un garçon.

LE PÈRE

Bien sûr!... Vous me croyez incapable de faire travailler des garçons?

L'ALLEMAND

Excusez-moi, mais je dois aller rejoindre mon unité, oui, oui. Car nous ne sommes plus qu'une dizaine et on était une centaine.

LE PÈRE

Je regrette. Passez tantôt si vous voulez. Vous connaissez Heinz?

L'ALLEMAND

Naturellement.

LE PÈRE

Alors, venez lui serrer la main, ça lui fera plaisir.

(*Il regarde la fosse.*)

L'ALLEMAND

Alors, pour mes affaires, monsieur, elles sont là? Oui? Oui?

LE PÈRE

Voyez dans la cour.

(*L'Allemand sort.*)

SCÈNE XLIX

LE PÈRE, ANDRÉ, CATHERINE.

(*Elle arrange le couvert, sort, entre, etc.*)

ANDRE

Ils ne reviennent pas vite.

LE PÈRE

Tu n'es jamais contente. Tu as le temps de mettre le couvert, comme ça.

ANDRÉ

Mes bas ne tiennent pas.

LE PÈRE

Attache-les à quelque chose. Tu ne sais pas encore t'habiller à ton âge?

ANDRÉ

Je sais parfaitement m'habiller, mais mes seins tombent tout le temps aussi.

LE PÈRE

Passe-toi une ficelle autour du cou, comme ça... C'est ce que fait ta mère.

SCÈNE L

LES MÊMES, *puis rentrent* HEINZ *et* CYPRIENNE (*Heinz a l'air fâché.*)

LE PÈRE

Et ces œufs?

HEINZ (*râleur*)

Oh, c'est pas la peine de se baisser pour des œufs, surtout quand il n'y en a pas. Moi, je ne m'occupe plus de rien. Les Américains sont là, qu'ils se débrouillent.

CYPRIENNE

Heinz, tu ne vas pas bouder aujourd'hui?

HEINZ

Non, enfin, c'est formidable... on est là depuis quatre

ans, et il suffit que des étrangers arrivent, il n'y en a plus que pour eux...

LE PÈRE

Qu'est-ce qu'il a? Il n'a plus envie de se marier?

CYPRIENNE

Heinz! Je t'en prie... ne fais pas la tête...

HEINZ

D'abord, qu'est-ce que c'est que celle-là?

(*Il désigne André.*)

ANDRÉ

Ça va, Heinz, tu vas dire que tu ne me reconnais pas!

(*Heinz hausse les épaules.*)

LE PÈRE

Vous pouvez l'appeler Jacqueline, ça lui va mieux.

HEINZ (*hausse les épaules*)

Faut toujours que vous vous déguisiez, vous autres, les Français. Vous ne pouvez pas vous mettre en uniforme, comme tout le monde?

CYPRIENNE

Heinz, mon chéri... sois gentil avec papa, je t'en prie.

HEINZ

Moi, je me lave les mains de tout ça, je te dis... C'est pas la peine qu'on se crève pendant des années à remonter un pays, à protéger les gens, à les aider et tout, pour arriver à ce résultat-là... A partir de maintenant, ça sera mon tour de me faire entretenir. Et maintenant, quand est-ce qu'on mange?

LE PÈRE

Il faut attendre que Jacques revienne. S'il a été chercher le pasteur, ça peut lui prendre un bout de temps. Il n'y en a pas à dix kilomètres à la ronde.

HEINZ (*acerbe*)

Oh, je suis sûr que les Américains n'ont pas débarqué sans pasteur.

(*Il s'étire. Entre le voisin.*)

SCÈNE LI

LES MÊMES, LE VOISIN.

ANDRÉ

Est-ce que je peux aller remettre mon pantalon?

LE PÈRE

Écoute, Jacqueline, tu vas nous ficher la paix.

CATHERINE

Tu peux bien garder ta robe pour faire plaisir à ton père!..

LE PÈRE

Le curé aussi porte une jupe, crétin!... Est-ce qu'il proteste?

LE VOISIN

En tout cas, il m'a dit hier que c'était bien emmerdant pour grimper aux arbres... Et si je jouais un peu de violon, pour passer le temps?

(*Coups et voix de Jacques.*)

SCÈNE LII

LES MÊMES, *plus* JACQUES.

(Jacques entre, suant et soufflant. Il fait un signe pour qu'on vienne l'aider.)

JACQUES

André!

ANDRÉ

Quoi?

JACQUES

Viens m'aider!

ANDRÉ

C'est pas un travail de femme, ça. Je ne suis pas habillé pour...

LE VOISIN

Je vais vous donner un coup de main, si vous voulez.

JACQUES *(le regarde)*

Si vous voulez...

(Ils sortent et reviennent avec deux grosses boîtes pesantes.)

LE VOISIN

Putain! C'est pesant!...

(Même jeu. Ils rentrent la seconde caisse et la déposent dans un endroit qu'on ne peut voir de la salle.)

JACQUES

Merci. Je vais chercher la troisième.

LE PÈRE

Qu'est-ce qu'il y a, là-dedans?

JACQUES

C'est un pasteur. Il est démonté. Je vais chercher ses vêtements. Tu peux commencer à ouvrir les caisses.

(*Le père et André prennent des outils et vont vers les caisses tandis que Jacques ressort, prend la troisième caisse, plus petite, et revient vers eux.*)

LA MÈRE (*s'approchant d'eux, suivie du voisin qui, pendant ce temps, s'est escrimé avec son violon, lui collant du sparadrap en croix.*)

Où l'as-tu trouvé, Jacques?

(*Jacques se redresse et revient.*)

JACQUES

Il y en avait des caisses et des caisses plein la plage. On les distribue à qui en demande.

HEINZ (*railleur*)

Vous êtes pas mal organisés... J'ai l'impression qu'on n'a plus qu'à se laisser vivre...

(*Il regarde Jacques. Celui-ci se rengorge.*)

JACQUES

J'en ai pris un grand modèle.

CATHERINE

Des pasteurs, du coca-cola et des voitures... C'est toujours à ça que ça revient, la démocratie occidentale. Et c'est pour ça que ces imbéciles se font casser la figure. Tu peux le laisser en pièces détachées, ton pasteur, pour ce qu'il va servir...

JACQUES

Ne t'en fais pas. Il servira. Et il est monté avec un radar.

CATHERINE

Ça lui fait une belle jambe.

(*Elle ricane, méprisante.*)

Ça ne vaut pas l'artillerie russe.

LA MÈRE

Allons, Jacques. Allons, Catherine, veux-tu laisser ton frere tranquille!...

(*Au père.*)

Dis donc, si vous vous arrêtiez de remonter ce truc-là, et si vous veniez déjeuner... Je crois qu'il vaut mieux qu'on fasse le déjeuner avant le mariage... avant la cérémonie, je veux dire...

LE PÈRE

Cyprienne, appelle ta sœur.

CYPRIENNE

Oui, papa.

(*Elle va à la porte.*)

Marie, à table!

(*Elle revient.*)

LA MÈRE

Allons, installez-vous. Jacques, tu te mettras à ma gauche.

(*Jacques passe. Catherine lui fait un croc-en-jambe. Chute retentissante. Il se lève, se déchausse posément un pied et flanque son soulier à la tête de Catherine. Le soulier la rate et passe juste à travers la fenêtre. La mère continue à placer ses invités.*)

Cyprienne à ma gauche, Heinz à ma gauche, les autres... à ma gauche.

(*Ils s'approchent tous de la table et s'installent.*)

LE PÈRE (*se relève*)

Écoute, Marie, puisque Marie n'est pas là, je vais finir de remonter le pasteur. Ce n'est pas aimable de le laisser là-bas comme il est, avec le foie en l'air et les jambes détachées. Ça me gêne.

(*Il passe à droite et va terminer le pasteur qui se lève, en uniforme avec les petites croix au revers, un peu abruti. Pendant ce temps-là :*)

LE VOISIN

Vous n'avez pas de porto? J'aime bien un verre de porto avant de commencer le repas.

LA MÈRE

Je n'ai que du Martini.

LE VOISIN

Ah! non! Pas de Martini! Le directeur de la maison est protestant.

JACQUES (*menaçant*)

Vous avez quelque chose contre les protestants?

LE VOISIN

Oui. Une dent.

JACQUES

Peut-on connaître la raison?

LE VOISIN

Ils n'ont pas de cravate.

JACQUES

Si ça vous dérange, vous n'avez qu'à vous faire protestant aussi.

LE VOISIN (*songeur*)

Mon Dieu... Mais, au fait...

JACQUES

Et puis, à la fin, vous m'emmerdez!

LE VOISIN

Écoute, Jacques, tu vas trop loin.

(*Il brandit son violon et le casse sur la tête de Jacques. Puis le regarde avec désolation.*)

Mince! Tout mon travail à refaire...

(*Il s'éloigne vers l'établi.*)

LE PÈRE (*s'approchant avec le pasteur*)

Je vous présente le révérend...

(*Il se tourne vers le pasteur, interrogatif. Le pasteur fouille dans sa poche et tire un petit morceau de papier qu'il déplie.*)

LE PASTEUR

Taylor... Robert Taylor...

CYPRIENNE

Oh! c'est Robert Taylor.

(*Elle se précipite et l'attrape par la manche.*)

Venez vous asseoir à côté de moi.

JACQUES

Qu'est-ce qu'il y a? J'ai dû me tromper de caisse...

(*Au révérend.*)

Vous êtes bien pasteur?

LE PASTEUR

Mais certainement.

JACQUES

Excusez-moi, c'est ce nom... Je ne comprends pas...

CATHERINE (*ricane*)

C'est bien ça, la civilisation américaine. De la propagande et toujours de la propagande. Ils ont des pasteurs, il faut qu'ils leur collent des noms de vedettes de cinéma. Et vous marchez tous...

LE VOISIN

Eh! Ça a du bon!

(Au révérend.)

Vous touchez les mêmes rations que les soldats?

LE PASTEUR

Non, nous sommes assimilés aux lieutenants ou aux capitaines suivant notre âge. Six bouteilles de whisky par mois.

(Il regarde son verre et s'adresse à Jacques.)

Voulez-vous voir dans la caisse. Il doit y en avoir une.

LE VOISIN *(s'y rue)*

Macarelle!... Fille de pute...

CYPRIENNE

Vous voulez me donner un autographe? Vous êtes toujours marié à Barbara Stanwyck?

HEINZ

Elle est juive, hein?

(Soupir nostalgique.)

Ah! Sarah! Ils m'ont donné mille marks quand je l'ai dénoncée.

(Soupir de regret. A bien noter la différence entre le soupir de nostalgie et le soupir de regret. Le second se produit en hochant la tête.)

J'ai tout dépensé.

JACQUES

Mon révérend, ne croyez-vous pas qu'il serait plus normal de les unir tout de suite, avant de déjeuner?

LA MÈRE

Mais enfin, qui vous presse? Vous aurez bien le temps après!...

SCÈNE LIII

LES MÊMES, *plus* MARIE.

(*Marie a change de robe, un peu déshabillée. Genre Dior.*)

CATHERINE

Ah! Enfin, te voilà!

(*La mère les regarde l'un après l'autre, et Cyprienne regarde le pasteur avec des yeux ronds.*)

MARIE

Qu'est-ce qu'il y a? J'étais pas perdue! Vous savez qu'il y a trois Américains, là-haut.

CATHERINE

Il y en a partout, évidemment.

HEINZ

C'est des vrais doryphores, ces types-là!

(*Il rit.*)

LE PÈRE (*sert à boire*)

Tenez, monsieur Taylor, je vous sers le premier.

CATHERINE

Oh! là là, en voilà des embarras, pour ce type.

CYPRIENNE

Mais enfin, Catherine, laisse-nous. C'est très amusant. C'est moi qui me marie, à la fin!

LE VOISIN (*se retournant et agitant son débris de violon*)

Je ne peux pas arriver à le réparer.

(*Catherine donne un coup de poing au verre qui passe et le renverse sur Jacques. Le verre saute en l'air et se fracasse avec bruit. Tous se lèvent.*)

CATHERINE

Va chercher un autre verre dans tes caisses, tiens, celui-là n'est pas solide.

(*Jacques lui verse le sien dans le cou.*)

Salaud! Sac à roubles! Enfant de singe! Ta grand-mère était une guenon trotzkyste!...

LE PÈRE (*sévèrement*)

Catherine! Je ne sais pas si c'est au Kremlin qu'on t'a appris à parler comme ça, mais...

(*Catherine se jette sur Jacques. Ils roulent à terre.*)

LA MÈRE

Écoutez, Catherine et Jacques, voulez-vous finir.

(*Elle prend une carafe et revient la vider sur les deux combattants. Ils se relèvent.*)

CATHERINE

Tout ça, c'est de la faute de Jacques.

LA MÈRE

Catherine, laisse ton frère.

CATHERINE

On n'avait pas besoin de Jacques pour marier Cyprienne et Heinz.

(*Elle envoie un direct à Jacques.*)

JACQUES

Maman!...

LA MÈRE

Oh! et puis battez-vous, moi je m'en moque.

(*Au père.*)

Viens déjeuner.

(*Au pasteur.*)

Monsieur, je vous en prie, asseyez-vous. Cyprienne, fais asseoir les invités.

(*Jacques et Catherine s'asseyent.*)

LE VOISIN

Après vous.

LE PASTEUR

Je n'en ferai rien.

LE PÈRE

Qui va dire le bénédicité? Ce n'est pas que j'y tienne, mais ça vous fera sans doute plaisir.

LE VOISIN (*brandit son violon*)

Ça y est, il marche!

(*Le manche se recasse.*)

Merde!

(*Il s'approche de la table, laissant son violon sur l'établi.*)

Je peux dire le bénédicité, si vous voulez.

LE PASTEUR

Attendez... On va compter.

(*Il compte.*)

Pa-pa-ni-ca-le-roi-des-pa-pi-llons-en-jou-ant-à-la-balle s'est cassé le menton.

(*Il triche.*)

A vous, monsieur.

(*Au voisin.*)

LE VOISIN

Ah! Pour une fois... On peut bien s'en passer.

(*Il s'assied.*)

Je boirais bien un coup de Martini.

LE PASTEUR

A la bonne heure! Vous y venez.

MARIE

Maman, je peux embrasser le révérend? Puisque mon fiancé ne revient pas?

LA MÈRE

Marie!

(*Elle fond en larmes.*)

Je n'ai plus d'enfants!

LE PÈRE

Allons! Allons!... Marie, calme-toi...

LE PASTEUR

Ce Martini est délicieux.

LE PÈRE

Je le fais moi-même avec les os de chevaux que je trouve quand je nettoie la fosse à la raclette.

LE PASTEUR

Vraiment?

(*Il boit.*)

Voulez-vous m'en donner un peu plus?

(*Le père le sert.*)

LE VOISIN (*ricane*)

Ah! Ah! Tu ne l'as pas eu. Tu te crois malin, hein?

(*Il tend son verre.*)

LE PÈRE

Et toi?

(*Il se verse ce qui reste. Tête du voisin.*)

LA MÈRE

Un peu de maquereau, monsieur Taylor?

LE VOISIN

Allez-y... Il va vous dire que c'est lui qui l'a pêché.

LE PÈRE

Oui, je l'ai pêché. Évidemment.

(*Il tend la boîte de conserves au pasteur.*

Mais je ne me rappelle plus quand.

LE VOISIN

A quoi tu les reconnais quand ils sont en boîte?

LE PÈRE

Je leur fais une marque sous la queue.

TAYLOR

Je vous demanderai du sel.

CATHERINE

Attendez un peu qu'on vous envoie en chercher dans les mines, du sel.

(*La mère lui passe le sel. Catherine, au passage, fait voler le sel. Jacques se rue sur elle.*)

LE PÈRE

Vous croyez que c'est raisonnable de se battre comme ça?

CATHERINE (*revenant très vite à son assiette*)

Passe-moi du maquereau.

(*Elle retourne se battre.*)

MARIE (*très pin-up, l'air détaché*)

Dis, maman, je peux me battre avec eux?

(*Pendant toute la bagarre, les combattants échangent de temps en temps de brèves injures : Salaud! Cannibale! Fille de pute! etc.*)

LE PÈRE

Marie! Passe le poulet à M. le Pasteur.

TAYLOR

Il a l'air parfait. Coupez-moi une cuisse, c'est le morceau que je préfère.

LA MÈRE

André, tu peux venir manger avec nous, maintenant.

(*Les combattants accrochent l'établi, qui s'effondre.*)

LE VOISIN (*se levant de table*)

Nom de Dieu! Mon violon.

(*Il y va, le saisit et revient à table. Catherine se relève.*)

CATHERINE (*au révérend*)

Alors, je me bats à cause de vous et vous bouffez du poulet, espèce de réactionnaire. Qu'est-ce que vous croyez? Que ça va s'arrêter comme ça?

TAYLOR

Mais... Heu... Je ne vous ai pas demandé de vous battre. Et d'abord, effectivement, vous vous battez *à cause* de moi, mais pas *pour* moi. Faut pas confondre!

CATHERINE

Allez! Au boulot!

(*Elle le met sur ses pieds et le précipite dans la bagarre. Hurlements de Jacques.*)

JACQUES

Lâche-ça, Robert! C'est mon pied!

LE PASTEUR

Je m'en fous. Je ne connais plus personne.

(*Il se redresse un instant.*)

Est-ce que mon fond de teint tient toujours?

(*Un direct de Catherine l'atteint au menton. Il s'effondre. Catherine saute en l'air comme au rugby et retombe sur le groupe.*)

MARIE (*criant et trépignant*)

Oh! maman, laisse-moi y aller!

CYPRIENNE

Laisse-la aller, maman, je t'en prie, pour le jour de mon mariage... Puisque ça l'amuse...

LA MÈRE (*se tournant vers le père*)

Est-ce que tu crois qu'il faut?

LE PÈRE

Si tu savais ce que je m'en fous!

(*Au voisin qui revient et se verse à boire.*)

Dis donc, vieille crapule, tu m'en laisseras?

HEINZ

Ma Cyprienne.

(*Il devient tendre.*)

Donne-moi du poulet.

(*Elle le sert.*)

LE VOISIN (*examine son violon avec attention*)

Ils ont brisé mon violon... Car il avait l'âme française...

(*Il se précipite. Taylor sort du tas à ce moment-là, il lui fracasse le violon sur le crâne. Taylor regarde en l'air, se tâte et recommence à se battre. Le voisin recule, prend son élan, loupe son coup, se fout la gueule par terre et reste inerte.*)

LE PÈRE

Le capitaine Künsterlich est toujours dans la fosse, je crois?

HEINZ

Oui, je ne l'ai pas revu.

(*Grande explosion au-dehors.*)

LA MÈRE

Ça y est. Ils recommencent à faire du bruit. On ne peut

pas marier sa fille tranquillement. Qu'est-ce que ça serait si on avait invité des amis!...

LE VOISIN (*relevant la tête de son coma*)

Je ne suis pas un ami, moi?

LE PÈRE

Si, mais on ne t'a pas invité.

(*Le voisin retombe dans son coma.*)

TAYLOR

Voulez-vous lâcher ma jambe. Oh! Ah!... Cent jours d'indulgence si vous lâchez ma jambe. Aïe!

(*Furieux.*)

Espèce de nœud volant, vas-tu lâcher ma jambe?

(*Il fait un coup de judo à Jacques qui se retrouve debout, tourne sur lui-même comme une toupie et tombe dans la fosse à équarrir. Bruit métallique effrayant.*)

HEINZ

Quel drôle de bruit!... Vous aviez laissé ses médailles au capitaine Künsterlich, sans doute?

LE PÈRE

Oui, c'est vrai. Je vais voir.

(*Il se lève, fait un mouvement tournant et s'approche de la fosse. A ce moment, les combattants roulent sur eux-mêmes et la table s'effondre sur eux dans un vacarme indescriptible. Marie se lève, elle enlève ses souliers et se précipite.*)

MARIE

Oh!... Je ne peux plus tenir!

LA MÈRE

Jacqueline, aide-moi à mettre la table debout.

(André l'aide. Le père revient en hochant la tête. Il ramasse une assiette, s'assied par terre et commence à manger.)

TAYLOR

Seigneur! Seigneur! A l'aide! Lâchez-moi, espèce de folle!

(Il se dégage, poursuivi par Marie, elle lui court après et il disparaît dans la fosse. Elle saute en l'air et se laisse retomber dedans avec un ricanement terrible.)

HEINZ

C'est la punition du ciel. Il n'avait qu'à ne pas embêter les autres.

ANDRÉ

Est-ce que je peux aller remettre mon pantalon?

LE PÈRE

Tu n'es pas bien, comme ça, Jacqueline? Tu sais, tu auras plus de succès avec les Amerlauds si tu restes comme ça.

ANDRÉ

J'aime mieux aller remettre mon pantalon et ne pas avoir de succès. Et puis, ça me fait froid aux fesses, à la fin.

(A ce moment-là, la porte s'ouvre. Entrent les deux F. F. I.)

SCÈNE LIV

LES MÊMES, *plus* DEUX F. F. I.

LE COLONEL (*criant très fort*)

Nous revoilà!...

LE PÈRE

Bonjour! Vous avez faim?

VINCENT

Non. On a réfléchi. On vient prendre la Delage. Faut pas être trop regardant.

LE PÈRE

Bien sûr, faut pas être trop regardant. Passez par là.

(Catherine se lève, titube et s'abat dans la fosse.)

LE PÈRE

Marie, il reste du pâté de foie?

LA MÈRE

Mais oui. Tiens, le voilà.

(Elle prend le plat, s'approche et le lui casse sur la tête, puis, chancelante, s'approche de la fosse et tombe, la main sur le cœur.)

ANDRÉ

Je crois que je vais aller remettre...

(*Il sort discrètement. Il reste sur la scène le voisin, toujours étendu par terre, le père qui mange et Heinz et Cyprienne qui commencent à se peloter ferme. Au bout d'un instant, entrent les quatre soldats chanteurs qui attaquent :* Happy birthday to you. *Cette fois, ils sont tous en uniforme de l'Armée du Salut. Ils restent autour de Heinz et Cyprienne en chantant* I Love You Truly *en fond sonore.*)

SCÈNE LV

LE PÈRE, LE VOISIN, CYPRIENNE, HEINZ *et* QUATRE SOLDATS.

LE PÈRE (*au voisin*)

Hé... Toi...

(*Le voisin grouille vaguement et se redresse sur les avant-bras, en grognant.*)

Tu te sens mieux?

LE VOISIN (*se tenant le menton*)

Pas mal.

(*Il crache quelques dents.*)

Ça s'est bien passé?

LE PÈRE

Quoi donc?

LE VOISIN

Ce mariage ?

LE PÈRE

Eh bien, tu étais là? Tu as vu?

LE VOISIN

Non.

(*Un temps.*)

Où est mon violon?

LE PÈRE

Oh!... On ne va pas danser maintenant... Je suis un peu fatigué... Si on mettait un peu d'ordre ici? Il va falloir que je songe à travailler. Où est ce rabot?

LE VOISIN

Je crois que je vais aller m'occuper de ma maison.

(*Coups à la porte. Heinz, Cyprienne et les quatre soldats ont monté lentement l'escalier en cortège.*)

LE VOISIN ET LE PÈRE (*en chœur*)

Entrez!

(*Entrent deux officiers français.*)

SCÈNE LVI

LE VOISIN, LE PÈRE, DEUX OFFICIERS FRANÇAIS.

LE VOISIN ET LE PÈRE (*en chœur*)

Bonjour, mes officiers.

LE CAPITAINE FRANÇAIS (*hilare*)

La maison vous appartient?

(*Il inspecte le désordre effarant.*)

A la bonne heure! Vous vous en êtes tiré sans beaucoup de mal, vous au moins!

LE VOISIN ET LE PÈRE (*en chœur*)

Ah?

LE LIEUTENANT

Si vous voyiez le reste du village...

LE VOISIN ET LE PÈRE (*en chœur*)

Tout est par terre?

(*L'autre hoche la tête.*)

LE CAPITAINE

J'ai une mauvaise nouvelle à vous annoncer. Et une bonne aussitôt après.

LE VOISIN ET LE PÈRE (*en chœur*)

J'aime mieux la bonne d'abord.

LE CAPITAINE

Eh bien, d'abord, vous êtes libérés.

LE VOISIN

Oui?

(*Il se met au garde-à-vous, voit que le père ne fait rien et reprend sa position normale.*)

LE CAPITAINE

Et ensuite...

(*Il s'arrête, gêné.*)

LE PÈRE

Ne vous gênez pas.

LE CAPITAINE

Eh bien...

(*Il s'arrête et change de ton.*)

Je dois d'abord vous dire que je représente le ministère de la Reconstruction.

(*Le père ne dit rien.*)

A ce titre... Euh... Je m'occupe du plan futur.

(*Au lieutenant.*)

Hum... Allez-y, lieutenant, je l'ai prévenu avec des ménagements.

LE LIEUTENANT (*au père*)

Votre maison n'est pas dans l'alignement.

LE PÈRE

C'est la première fois qu'on me dit ça.

LE CAPITAINE
(*prenant le père par le bras et se dirigeant vers la fenêtre*)

Il y aura, là, dans l'avenir, une vaste perspective, plantée de peupliers résineux du Japon. Des vasques et des fontaines compléteront le tableau. Des plantes rustiques parfumeront l'air.

LE LIEUTENANT (*fait un signe à la porte*)

Boby?

SCÈNE LVII

LES MÊMES, *entre* UN SCOUT *qui se met au garde-à-vous.*

BOBY

Scout de France, toujours prêt, le cœur sur la main.

LE LIEUTENANT

Vous pouvez apporter la chose.

(*Le scout sort et rentre avec une caisse de dynamite. Il allume la mèche et sort. Explosion qui fait la nuit complète sur la scène. Les décors s'envolent. Toile de fond. Ruines couvertes de verdure. Tas de débris au premier plan. Le capitaine et le lieutenant sont assis à côté du père, étendu mort. Le voisin lui tient la tête et la laisse retomber.*)

LE CAPITAINE (*se relevant*)

Bah! On ne fait pas d'omelettes sans casser des œufs...

LE VOISIN
(*lui prenant son revolver et lui tirant dessus*)

C'est mon avis.

(Il tire ensuite sur le lieutenant qui le tue à son tour d'un coup de pistolet.)

LE LIEUTENANT

Et vive la France!...

(Une Marseillaise *abominablement fausse éclate. Le lieutenant se redresse et sort en marchant au pas de l'oie.)*

FIN

(Qui par un heureux hasard, coïncide avec celle de la pièce.)

L'ÉQUARRISSAGE ET LA CRITIQUE (1)

Nous avons réuni ci-après, classées selon l'ordre alphabétique des noms de leurs auteurs, quelques-unes des critiques parues sur l'Équarrissage. *Elles figurent en entier; on fait tout dire avec des citations isolées. Elles sont parfois suivies d'un commentaire : de fait, j'ai répondu personnellement à toutes, bonnes ou mauvaises, et si je me suis permis de résumer quelques-unes de mes réponses, c'est que certains, mécontents de ces réponses, ont prétendu par la suite que je leur avais écrit des lettres d'injures, et que je m'étais vexé... il n'y avait pas de quoi, et ce n'est guère mon habitude. Mais si l'on aime affirmer sans preuves, on déteste d'autant de se voir raillé...*

Par ordre alphabétique, René Barjavel vient en tête. Je dois avouer que son article m'a fait plaisir (je serais difficile...) Je ne puis ici que le remercier encore.

B. V.

(*Carrefour, 25 avril 1950.*)

BORIS VIAN SE RÉHABILITE

L'événement important de cette huitaine, ce n'est pas la reprise de « Fric-Frac », ce n'est pas la création d'une

(1) Cette reproduction des critiques subies par *l'Équarrissage pour tous* lors de sa création et leur commentaire par Boris Vian figurent dans l'Édition Toutain.

pièce de Cronin, c'est la naissance, au Théâtre des Noctambules, d'un auteur dramatique qui pourrait bien s'avérer, en grandissant — s'il veut faire l'effort de grandir — comme un descendant de Jarry. C'est Boris Vian. Qui l'aurait cru?

Sa première œuvre fut un drame tiré de son roman « J'irai cracher sur vos tombes ». C'était mal fait, faussement violent, maladroitement accrocheur, sans le moindre signe de germination de quelque futur talent.

Sa nouvelle pièce, « L'équarrissage pour tous », nous administre la preuve qu'il ne faut désespérer de personne...

L'action se situe à Arromanches, le 6 juin 1944, jour du débarquement. Mais le personnage principal, l'équarrisseur, pendant que les maisons du village volent en éclats et que l'Europe change de destin, ne pense qu'à une chose : marier sa fille. Le fiancé est un soldat allemand. Le père convie au mariage, par « message personnel », via Radio-Londres, ses autres enfants qui sont, l'un parachutiste dans l'armée américaine, l'autre — une fille parachutiste — dans l'armée rouge. Ils arrivent par la fenêtre, suivis d'un parachutiste japonais. Soldats américains et allemands arrivent également, jouent au poker, se saoulent de compagnie, mélangent leurs hymnes et leurs uniformes, cependant qu'un gamin et un centenaire, F. F. I. nés du matin, réquisitionnent les automobiles. La plupart des personnes finissent dans la fosse commune de l'équarrissage. Un officier, attaché au ministère de la Reconstruction, met fin à la pièce en faisant sauter la maison pour la mettre à l'alignement.

Ce résumé vous donnera une bien faible idée du bouillonnement burlesque de ce « vaudeville anarchiste ». C'est Ubu-Équarrisseur nourri chez Branquignol. C'est un grand souffle de rire secouant les impostures, les peurs, les dogmes, toutes les absurdités solennelles au nom desquels les « grands » — qu'ils soient deux ou cinq — convient les hommes à l'équarrissage. Il y a encore quelques déplaisants appels du pied. Je pense en particulier à la scène de torture par chatouillement, sur laquelle l'auteur a dû compter beaucoup pour accrocher le public et qui est la seule pendant laquelle on ne rit pas!

Il suffira de deux ou trois coups d'écumoire pour débarrasser la marmite de ces impuretés et rendre toute sa virulence au bouillon de culture.

André Reybaz, qui est décidément un découvreur, va, avec « l'Équarrissage », susciter le même scandale qu'avec « Fastes d'enfer ». Mais je ne doute pas que le succès le récompense. Sa mise en scène est extraordinaire d'animation. Toute sa troupe, lui en tête, joue à merveille.

Je ne peux conseiller à tout le monde d'aller voir ce spectacle. Il risque de hérisser les poils et les nerfs du public tant soit peu conformiste. Et je ne sais jusqu'à quel point mes réactions correspondent à celles de mes lecteurs...

René BARJAVEL

Marc Beigbeder, dans « Le Parisien Libéré » :

Sur la scène des Noctambules, *L'Équarrissage pour tous*, de Boris Vian, est tout à fait à sa place, et j'espère que personne ne commettra la bévue de se choquer des audaces, pleines de bon sens d'ailleurs, de cette piécette. Il est hygiénique d'avoir de l'humour même à l'égard de ce qui peut paraître le plus sacré, et Boris Vian n'a fait qu'emboîter gentiment le pas aux dramaturges espagnols, qui, à côté des grands amoureux, plantaient toujours un valet moqueur.

L'action se passe au moment du débarquement, dans une Normandie de fantaisie, chez un « équarrisseur » fort imaginaire, lui aussi, dont les préoccupations centrales, en dépit des événements et des obus, sont pittoresquement familiales. Entrent et sortent, selon une danse organisée avec un abandon précis et piquant, des soldats des deux camps, qui n'ont évidemment que d'assez lointains rapports souvent avec les originaux, mais qui ne manquent pas de couleur. C'est l'occasion, pour l'auteur, de vider son carquois, un carquois plein de flèches agiles, mais après tout assez amènes et pacifiques. Le rythme de *l'équarrissage pour tous* est d'un vaudeville, — revu et corrigé par

Ubu, — mais sa fibre essentielle est, je crois, la taquinerie.

La mise en scène, qui n'était vraiment pas commode, donne une nouvelle preuve de la perfection où en est arrivé André Reybaz. Il a si bien fait agir sa troupe, que même les moments susceptibles d'être un peu creux sont remplis par le prolongement des mimiques et des gestes. Les éléments de cette compagnie, qui commencent à nous être familliers, mériteraient tous d'être cités. Je dirai seulement le vif amusement que m'ont causé les grosses mines d'Yvette Lucas, la robe courte de Catherine Toth, celle plus brève encore de Zannie Campan, les airs effarés de Guy Saint-Jean, ceux faussement naïfs de Roger Paschel et Jacques Muller, les criailleries de Nicole Jonesco et l'abrutissement savant de Reybaz lui-même.

Marc BEIGBEDER.

Michel Déon (20 avril 1950) *dans « Aspects de la France » :*

Je vois déjà d'ici quelques figures bien chagrines. Que va-t-il se passer maintenant si les hommes de théâtre entreprennent de nous faire rire? Attention! Le rire est une maladie contagieuse comme pas une et il se pourrait fort bien que d'ici peu, parce que nous rions au théâtre, tout ce que nous avons enduré sur la scène (et dans la vie!) avec ennui et lassitude depuis quelques années, s'effondre et devienne parfaitement insupportable. La facilité avec laquelle un esprit joyeux et peu soucieux de conformisme démolit à boulets rouges tout ce que ses contemporains croient « établi » inspire de saines réflexions sur la fragilité des murs dont on nous entoure. Loin de moi de prêter à Boris Vian, l'auteur de « L'Équarrissage pour tous », des intentions politiques, religieuses ou morales qu'il se garde bien d'avoir. Il se proclame anarchiste avec, au coin des lèvres, un sourire qui nous rassure : il n'y croit pas non plus. Il est anarchiste comme le sont tous ceux qu'horripilent un certain parti pris de sérieux, une certaine profondeur qui plonge dans le néant. Et il ne l'envoie pas dire que l'on nous ennuie avec la Résistance, la Collaboration, « l'engagement », et que la vérité est peut-être bien autre. Rien n'est certes plus à contre-courant de notre temps que la tentative burlesque de Boris Vian. C'est d'autant plus curieux qu'il a été mis fort à la mode par Saint-Germain-des-Prés (aux non-initiés nous rappellerons qu'il est « trompette » dans son propre jazz qui joue toutes les nuits dans une cave), qu'il s'est fait connaître du public par la pseudo-traduction d'un roman dont l'érotisme violent a, depuis, fait de nombreux petits. Ce que l'on sait moins, c'est qu'il est aussi l'auteur d'un roman charmant, cocasse et tragique à la fois « L'écume des jours », dont la critique, qui craint toujours ses mystifications, s'est bien gardée de parler.

Il n'en a pas moins écrit aujourd'hui un vaudeville pour lequel je ne trouve pas d'autre adjectif que « abracadabrant » et dont le thème est une absence totale et complètement folle d' « engagement ». La scène se passe en effet le 6 juin 1944, le jour du débarquement, à Arromanches, dans la maison d'un équarrisseur qui se plaint du bruit que fait la bataille et se préoccupe uniquement de marier sa fille. Pendant toute le durée de la pièce, Allemands, Américains, Français et F. F. I. font irruption sur la scène, jouent aux cartes, échangent des chansons, des uniformes, caressent à tour de rôle les filles de l'équarrisseur, retournent à la bataille ou au jeu de « base-ball ». Que l'on ne cherche surtout pas d'autre fil que l'entêtement normand de l'équarrisseur à marier sa fille au milieu de cette foire. Absurde? Je n'en suis pas si sûr. Pour n'en pas douter, il suffirait d'ouvrir le récent journal de Gide pour constater que le jour du débarquement l'illustre écrivain a lu Goethe et trouvé bons les radis. Chacun ses préoccupations et Boris Vian a écrit en réalité la première pièce à la gloire de ceux qui ne sont pas à la hauteur des circonstances.

Le tout est assaisonné de mots, de calembours, de coq-à-l'âne et de traits si justes (qui n'en feront pas moins grincer beaucoup de dents) que les premières scènes sont emportées à une allure aussi essoufflante pour le spectateur que pour les acteurs. Ce début étincelant rend exigeant et le moindre ralentissement est sensible. Mais la fin reprend sur le même rythme et on peut prédire à Boris Vian un beau succès s'il a la chance que ses spectateurs ne soient ni bégueules, ni susceptibles.

« L'Équarrissage pour tous » est joué par la Compagnie du Myrmidon qui a trouvé son meilleur plateau au théâtre des Noctambules. La mise en scène qui est un véritable tour de force est d'André Reybaz. Il faudrait citer tous les acteurs débordants de fantaisie et visiblement pris à leur propre jeu : Catherine Toth, Guy Saint-Jean, Roger Paschel, Jacques Muller, Jean Mauvais, Nicole Jonesco, etc... et Reybaz lui-même parfait dans le rôle de l'équarrisseur.

Michel DÉON.

***

Guy Dornand (17 avril 1950) *dans* « *Libération* » *:*

« Je veux enfin souligner tout le courage d'André Reybaz, de Catherine Toth et de tous ceux de leur compagnie... Ils ont eu plus de mérite que moi. »

Ces mots, extraits de la préface du programme et dus à la tardive lucidité de M. Boris Vian, méritent la considération due à tout aveu (s'il est sincère). De tout le spectacle, ces deux phrases sont les seules auxquelles souscrire sans détour, à cette réserve près que la Compagnie du Myrmidon, en général mieux inspirée, se devrait de ne pas gaspiller ses efforts en faveur de laborieux « canulars ».

Un « canular » de rhétorien; « l'Équarrissage pour tous » n'est rien de plus que cela, avec la provocation systématique de ses outrances, sa volonté de choquer contradictoirement toutes les opinions, son ambition d'épater, comme si le cours récent ou actuel des événements n'éclipsait pas, et de loin, dans le tragique, le ridicule ou le burlesque tous les auteurs dramatiques (même les vrais) et tous les romanciers (même ceux qui ne vont pas chercher leur succès dans n'importe quoi).

M. Boris Vian affirme avoir écrit « contre la guerre » sous prétexte que, le 6 juin 1944, son héros, équarrisseur à Arromanches, est bien moins préoccupé par le débarquement des Américains que par sa décision de marier au fritz qui la lutine depuis quatre ans sa seconde fille. Beau prétexte, en effet, pour ravaler au rang de pantins imbéciles et lâches tous les combattants, ceux qu'on voit (chleuhs, Américains, Français) et ceux qu'on ne voit pas, plus (bien sûr) les civils.

Pour admettre la portée « philosophique » de cette mauvaise farce à peine égayée çà et là de quelques mots d'auteur, il ne faudrait pas, au surplus, y trouver l'astucieux relent d'appels à la sexualité, voire au sadisme ou à la simple « porno » qui fut d'un si fécond rendement pour le romancier Sullivan.

Plaignons donc les artistes du Myrmidon, soumis à la tâche bruyante mais ingrate d'animer cette pantalonnade. Plaignons en particulier Mme Yette Lucas, qui tire un étonnant parti de son physique; Nicole Jonesco dont le très fin talent ne gagne rien à la révélation généreuse de ses charmes physiques; Catherine Toth et Jacques Muller.

Guy DORNAND.

*
* *

Monsieur Dornand, je voudrais simplement vous faire remarquer que si le « cours récent ou actuel des événements éclipse de loin dans le tragique, le ridicule ou le burlesque tous les auteurs dramatiques (même les vrais) et tous les romanciers (même ceux qui ne vont pas chercher leur succès dans n'importe quoi) » — liste à laquelle on peut ajouter tous les critiques — même ceux qui connaissent leur métier — et tous ceux qui font quoi que ce soit, on se demande pourquoi vous ne consacrez pas votre talent au cours actuel de ces événements si intéressants. Je crains malheureusement que vous ne soyez éclipsé comme les autres et je ne dirai pas « le plus tôt sera le mieux » parce qu'on sera sans doute tous dans le même bain.

Quant au « rappel de sadisme » et de simple « porno », tout ça se passe dans l'esprit de M. Dornand, esprit mal tourné, c'est visible. Je crois qu'il est le seul à y avoir trouvé tout ça. Ce qui le taquine, comme plus loin Thierry Maulnier, c'est ce « fécond rendement » supposé. Hélas, Monsieur Dornand, pas si fécond que ça... voyez... Ça m'a attiré ces reproches de votre part et ça me peine beaucoup.

*
* *

Voici venir maintenant Max Favalelli, critique parue dans Paris-Presse *le* 16 *avril* 1950. *Max Favalelli ne veut pas qu'on l'épate. On n'essayait pas...*

« L'ÉQUARRISSAGE POUR TOUS » :
UN DÉPEÇAGE SANS ISSUE

Sans issues. Car il manque le cœur et les tripes.

L'équarrisseur de M. Boris Viande accroche à son étal tous les morceaux susceptibles (espère-t-on) de susciter chez le client des nausées.

Ce qu'il faut absolument, c'est provoquer. Alors, on accumule ce que l'on estime devoir être des sacrilèges, on bafoue tout pêle-mêle et l'on intitule ça : vaudeville anarchiste.

Je ne suis pas plus bégueule qu'un autre et j'apprécie la satire lorsqu'elle est saine et hardie. Celle-là me paraît douteuse et un rien puérile.

Une pièce contre la guerre? Outre! Bougre! Comme M. Boris Viande y va! Mettons que ce soit une série de bons mots puisés dans les anas parus sur l'occupation et la libération et ajustés dans le style des films à la Marx Brothers.

Se fâcher? Tout de même pas. Encore qu'il y ait une plaisanterie sur les Anglais...

Un bourgeois me disait à la sortie : « Tout ça est d'une timidité! » Car le bourgeois ne s'épate plus de grand-chose. Chaque matin, il a sa ration de scandales, et pour ce qui est du vaudeville anarchiste, il y a belle lurette qu'il est servi.

Rire? J'ai ri à plusieurs reprises, je l'avoue. Mais je le dois bien plus à l'invention de M. André Reybaz qu'à celle de M. Boris Viande. La mise en scène de M. André Reybaz est, en effet, pleine de vie, de mouvement, et il y a là quelques acteurs qui ont le sens de la caricature et une grande force comique. En particulier Mme Yette Lucas et MM. Guy Saint-Jean (excellent), Roger Paschel, Jacques Muller et Jean Mauvais.

Max FAVALELLI.

*
* *

Max Favalelli auprès de qui je m'excusais d'avoir été inférieur à la tâche et de ne pas pouvoir me hausser au niveau du jeu de mots genre Boris Viande, a perfectionné dans « Ici Paris » *avec « Boris Viandox » — qui témoigne d'une merveilleuse inspiration. Je dois, en retour, m'excuser de l'avoir baptisé Favaléllipipède dans ma réponse à Jeener; j'aurais dû ajouter (j'ai précisé depuis) que je ne l'ai nommé Favaléllipipède que parce que je l'avais trouvé un peu cube. Voilà une bonne chose de faite, comme dirait l'équarrisseur... Sans rancune, mon cher Max... après tout, faut montrer qu'on a de l'esprit, nous autres les écrivains.*

*
* *

De André Frank (24 avril 1950) *dans « Le Populaire »* :

A BON ÉQUARRISSEUR, SALUT!

On n'aime ou on n'aime pas l'esprit de Boris Vian. Car il y a un esprit Boris Vian, que l'on découvre dans ses romans. *Vercoquin et le Plancton*, *L'Écume des Jours*, que l'on goûte dans ses poèmes, notamment dans les étonnantes *Cantilènes en gelée* parues avec des illustrations de Christiane Alanore aux Éditions Rougerie, qui éclate dans une pièce que la Compagnie de Catherine Toth et André Reybaz présente aux Noctambules : *L'Equarrissage pour tous.* Cet esprit à la Boris Vian est beaucoup plus qu'une des expressions de Saint-Germain-des-Prés, ce à quoi ses détracteurs le réduiraient volontiers; il dépasse même son auteur. Il apparaît comme l'une des formes de cette pensée gouailleuse, riche en saveur, toujours prête aux exagérations de l'image et aux excès de l'irrévérence qui va de François Rabelais à Alfred Jarry. Et il n'y a pas loin de l'équarrisseur d'Arromanches, avec sa fosse à équarrir, à l'illustre Père Ubu...

Boris Vian donne à sa comédie le sous-titre de « vaudeville anarchiste ». Et nous ne saurions mieux la résumer qu'en donnant la parole à Boris Vian lui-même : « *L'Équarrissage pour tous* est une pièce contre la guerre! Cette pièce respecte, je l'avoue à ma honte, la règle des trois unités, et se déroule le 6 juin 1944 à Arromanches. On sait qu'il se produisit ce jour-là un débarquement de style américain, dont les effets immédiats furent assez destructeurs, mais qui n'affectèrent en rien le moral des populations ainsi libérées. L'équarrisseur dont j'ai tenté de me faire le porte-parole me semble un spécimen représentatif de l'espèce : en effet, ce qui l'occupe ce n'est point tant ce débarquement auquel il ne prend aucune part, que le mariage de sa fille, problème hautement familial et personnel et qui tire son intérêt de là. *L'équarrissage* se propose donc de souligner cette vérité qu'un mariage est plus passionnant qu'une guerre, fût-elle mondiale; il entre dans cette tentative d'illustration un certain nombre de personnages variés, épisodiques, voire légendaires (tel le parachutiste japonais) auxquels je me suis efforcé de prêter la consistance contradictoire qu'ils eussent pris pour un observateur impartial situé, mettons sur Mars... »

Et le tout nous réserve certains des moments les plus savoureux que l'on puisse imaginer. Mais que l'on ne me fasse pas dire ce que je ne dis pas! Je n'ai pas l'intention d'élever les propos des personnages en règles de morale, ni leur attitude en vérité première. Ce n'est point parce que l'on prend plaisir à fréquenter Panurge ou le père Ubu que l'on s'avise de ranger leurs maximes au grand magasin de la morale où patientent *la République* de Platon et *la Critique de la Raison Pratique* de M. Emmanuel Kant.

Ce vaudeville, fort difficile à mettre en scène, a été très bien « traité » par André Reybaz. Et l'interprétation, avec Paul Crauchet, Guy Saint-Jean, Michel Calonne, Jean-Pierre Hébrard, Catherine Toth, Yette Lucas, Jean Mauvais, Roger Paschel, Odette Piquet, René Lafforgue, Jacques Muller, Nicole Jonesco, Zanie Campan, Yves Faucheur possède un sens du mouvement que l'on souhaite, sans, hélas! le trouver, aux troupes les plus réputées, les mieux entraînées. C'est vraiment du beau travail.

André FRANK.

*
* *

Puis vient J.-B. Jeener. C'est le côté rémunérateur qui le taquine d'abord et il a été choqué par ce talent de revuiste « offert comme un génie de la satire » (*mais offert par qui, Monsieur Jeener, par qui, dites-le nous, par pitié?*) *On s'étonne, en outre, de voir si susceptible sur le chapitre de la guerre le collaborateur d'un journal qui taquine le Skorzeny. On s'étonne moins de constater que les critiques de J.-B. Jeener et de Guy Verdot* (*voir plus loin*) *sont les plus fielleuses quand on apprend qu'ils ont soumis à André Reybaz leurs propres productions avec un résultat négatif* (*curieuse coïncidence*).

De J.-B. Jeener (*Figaro*, 17 avril 1950).

Par vocation, obsession de soi ou désir de se singulariser, M. Boris Vian crache sur tout et, s'il embouche volontiers la trompette de jazz, il semble préférer celle de la renommée...

Il n'est pas le seul! Tous les moyens sont bons pour ces avides de conquêtes fallacieuses — mais rémunératrices — et un certain Paris (celui qui confond audace et pacotille) a pour ces pseudo-Jarrys les yeux qu'on réservait jadis pour le *Cid*. Chaque temps choisit ses bateleurs.

Pour revenir au cas particulier de M. Boris Vian et de

sa pièce, l'auteur-musicien a voulu cette fois pourfendre Mars lui-même. C'était, en principe, faire l'unanimité à son profit, car personne n'avouera jamais aimer la guerre.

Cependant, choisissant Arromanches pour situer son action et la datant du moment précis où débutait la Libération, M. Vian a confié les morts de cette bataille à un équarrisseur de son cru. Enfin, le nez bouché et l'âme asphyxiée, il a oublié son singulier propos au bénéfice de la très respectable technique de la tarte à la crème et du recueil vaguement phonétique d'histoires de fou : « Tiens le burlesque, j'enlève le sujet. »

A partir de là, de cabrioles en chatouillis, de verve en paradoxe, de notations en gags et jeux de scène, on trouve de la vivacité au dialogue, de l'ingéniosité à l'agencement des sketches et de la force comique dans les sketches eux-mêmes.

Malheureusement ce talent de revuiste nous est offert comme un génie de la satire et il se gonfle d'un goût qui se veut provoquant alors qu'il n'est que haïssable.

Malheureusement encore, cet appétit de scandale n'a que le visage blême de la mauvaise action et de l'imposture... Un exemple le prouve entre nous : « Je n'ai pas vu d'Anglais! » s'étonne un personnage. « On se bat ici », répond un autre, goguenard. Comme le dirait Voltaire : c'est à ce prix qu'on se « divertit » au théâtre des Noctambules...

Ce « vaudeville anarchiste » possède l'avantage d'être fort bien joué et mis en scène. Que de talents gâchés, y compris celui de l'auteur!

J.-B. JEENER.

*
* *

Je vous signale, Monsieur Jeener, un notable perfectionnement introduit (selon vos directives) dans le texte précité, le voici en substance :

LE VOISIN : T'as remarqué? Y a pas d'Anglais!

LE PÈRE : On débarque, ici, on ne rembarque pas.

Ainsi, grâce à vous, les gens rient encore, mais en sachant pourquoi. *Je dis grâce à vous, car si vous aviez compris d'emblée qu'il y avait là une fine allusion à Dunkerque nous n'aurions jamais pensé à introduire cette pertinente amélioration.*

De G. Joly dans « L'Aurore » (18 avril 1950).

Une bonne petite soirée et qui nous rassure, tant sur le vigilant opportunisme de M. Boris Vian que sur la forme splendide des Compagnons du Myrmidon. Menacés que nous sommes d'une liquidation universelle et définitive grâce aux foudroyants progrès de la physique nucléaire, la « mise en boîte » intégrale et objective des figurants du récent casse-pipe et la démonstration par l'absurdité des suicides collectifs ne peuvent que gagner à son auteur la sympathie amusée des futures victimes de la guerre totale et totalitaire.

L'Équarrissage pour tous, c'est sous l'aspect d'un *crazy show*, pantalonnade macabre et gaudriole innocente, *Les Bagatelles pour un massacre* transcrites en style burlesque, une entrée de cirque où les gradins dégringolent dans l'arène, tout un chacun étant, cette fois, admis à cabrioler sur la piste avant de s'abîmer dans la fosse commune que le héros de M. Boris Vian a substituée aux oubliettes du Père Ubu.

Certes, la plaisanterie est un peu longue et d'une irrévérence souvent trop appliquée. Mais elle a du moins la franchise de libérer nos intimes réflexes et de formuler le refus que les cobayes de la vivisection atomique ont sur les lèvres. Catapultés ou parachutés à un rythme effarant, les invités de la noce putride de l'équarrisseur d'Arromanches, qui marie ses filles le jour du débarquement allié, parviennent, grâce à l'extraordinaire maîtrise d'André Reybaz, à la souple adresse et à l'esprit inventif de ses partenaires, soutenus par une mise en scène parfaitement rodée, à suppléer aux défaillances de l'auteur, dont la verve parfois défaille et piétine.

G. Joly.

*
* *

Vient ensuite mon camarade Henry Magnan à qui j'eus l'imprudence de dire que je ne trouvais pas sa critique honnête : je ne pouvais croire qu'il se fût fourré le doigt danss l'œil a ce point catastrophique. Ah, que j'eus tort... Henry Magnan a compris l'observation encore plus traitreusement que la pièce et il a cru que je réclamais une critique de complaisance. C'est pas croyable. Enfin, je ne lui en veux pas, il faisait seulement l'intérim (Le Monde, 18 avril 1950).

La compagnie d'André Reybaz et de Catherine Toth a moins parfois que de l'audace : elle fait preuve de témérité. J'aime bien Boris Vian, qui possède divers talents, joue de la trompette en divers caveaux, préconise le port de la chemise à larges rayures vertes et blanches et, non content de traduire son... *alter negro* Vernon Sullivan, écrit — là je ne plaisante plus — de fort attachants romans qu'il a la faiblesse de signer de son nom. Mais...

Mais j'exècre son *Équarrissage pour tous*, présenté hier au théâtre des Noctambules. Il me ferait croire que l'on peut, autrement que par défi, s'en aller cracher sur des tombes encore fraîches. L'histoire se situe dans une ferme d'Arromanches, le 6 juin 1944. Et Vian, dans la préface de son programme avoue qu'il a honte d'avoir respecté la règle des trois unités. C'est amusant, mais quand on songe aux unités qui sont tombées dans ce coin-là on demande à connaître la suite de ce « vaudeville anarchiste » situé dans un injuste décor.

Là, le symbole étend ses voiles transparents. Nous rencontrons dans une ferme des personnages divers, très conventionnels, burlesques dans l'esprit de leur créateur, mais qui portent cependant des uniformes dont notre rétine conserve le souvenir : des « frisés » bien sûr, des Américains, des Français aussi... Seuls les Anglais ne sont pas au rendez-vous, parce que dans le secteur « on se bat ». Ce genre de plaisanterie m'empêche de considérer *l'Équarrissage pour tous* comme une pièce « contre la guerre », au dire de son auteur. C'est une pochade de boulevard sans avenir probablement, mais surtout... sans passé. Car enfin, les Anglais, sans eux la pièce de M. Boris Vian n'eût certainement pas été jouée aux Noctambules.

Je ne prétends pas conter l'intrigue qui réunit ces personnages « vaudevillesques » aux classiques marionnettes de l'anarchie, religieuses, salutistes, pasteur, boy-scout, officiers d'ordonnance homosexuels; en bref l'habituel jeu de massacre des prédicants du *Libertaire* ou de Notre-Dame... Elle est traversée par les filles de l'équarrisseur, des filles pour tous puisque leur plaisir naît de l'uniforme ôté. Et puis des F. F. I. ridiculisés passent eux aussi du côté cour au côté jardin en marchant sur leur barbe, ce qui, eût ajouté Martini, prouve, à l'encontre des intentions de l'auteur, qu'ils n'étaient pas dénués de courage, vu qu'ils auraient bien pu se casser la figure. Trêve de plaisanteries. Le 6 juin, Arromanches, les soldats morts, les héros torturés relèvent, quelque liberté d'esprit que l'on ait, d'un autre domaine que du vaudeville. Et lorsque Boris Vian prévoit qu'il nous sera « dur de nous rebeller contre un conformisme » enveloppant... il se trompe. Il existe un bien pire conformisme que celui des valeur établies : c'est le conformisme du non-conformisme. Parce que jusqu'alors ce conformisme-là n'a pas imposé ni même révélé beaucoup de valeurs. Et s'il faut se presser de rire de tout avec Beaumarchais ce n'est certainement pas pour essayer de faire rire les autres avec cela même qui les a fait pleurer.

Par intérim : Henry MAGNAN.

*
* *

Tout de même, Henry... tout de même je suis d'accord avec toi : sans les Anglais ma pièce ne serait sans doute jamais passée aux Noctambules, car nous n'aurions jamais eu la guerre — et Dunkerque, comme je l'ai signalé à cet excellent Jeener, méritait bien un petit rappel discret. Quant aux soldats morts, les pauvres, je voudrais savoir où et quand je les raille; et ils n'empêchent pas que la guerre soit absurde. Pour les F. F. I., même chose : ils étaient spécifiquement du matin; au reste, les vrais, les voyait-on? Et tout ceci prouve que mon Henry fut d'assez mauvaise foi. En outre, je me méfie beaucoup de ceux qui, décrétant une fois pour toutes que rien n'est plus conformiste que le non-conformisme, en tirent argument pour stabiliser leur prose au niveau d'une indigence ronronnante et d'une platitude sans danger.

*
* *

Thierry Maulnier, dans « La Bataille », « Le Rouge et le Noir » (18 avril 1950).

M. Boris Vian fait, dans les lettres, une carrière qu'il a le bon goût de ne pas nous demander de prendre tout à fait au sérieux. Il gagne de l'argent; il est une compétence en fait de musique nègre; il s'amuse, dans le style du moment, et nous amuse quelquefois. Il vient d'écrire un « vaudeville anarchiste » qui s'appelle « L'Équarrissage pour tous » et que joue la valeureuse compagnie d'André Reybaz et Catherine Toth, au théâtre des Noctambules. Thème pacifiste : à Arromanches, le 6 juin 1944, en plein débarquement, un équarrisseur s'occupe du mariage de sa fille. Entrées multiples de soldats allemands, américains et autres, tous burlesques. Tripotage des filles. Grande scène de chatouille. Entrée d'un colonel F. F. I. en culotte courte. Parachutiste soviétique aux cuisses nues. Une douzaine de répliques excellentes et de gags divertissants. « Donne-moi le fer à repasser pour repasser les vaches », qui sont moins convaincantes. Une grande suite dans les idées pour le maniement de l'incohérence. Pendant la première demi-heure, on s'amuse véritablement : on a même le sentiment qu'on se trouve devant une pièce comique originale, telle qu'on n'en a pas vue encore. Mais, dans la seconde demi-heure, cela paraît déjà un peu éculé. Il s'agit d'une espèce de nouveauté dont on se lasse très vite. Elle ne tient pas la distance d'une soirée. Quant à la virulence anarchiste, elle est faible. Heureusement, la pièce est admirablement mise en scène par André Reybaz, qui la presse jusqu'à la dernière goutte de jus comique : Catherine Toth, Yette Lucas, Jacques Muller, Nicole Jonesco et André Reybaz lui-même sont excellents.

Thierry MAULNIER.

*
* *

Si je puis me permettre de critiquer à mon tour, je regrette une allusion à mes gains (je vous parie, Monsieur Thierry Maulnier, que vous refuseriez de changer votre compte en banque contre le mien).

*
* *

Valère Renaud, dans « Opéra » (19 avril 1950).

C'est le 6 juin 1944, à Arromanches, que Boris Vian situe l'action de *L'Équarrissage pour tous*. Mais le grand drame de la journée pour l'équarrisseur d'Arromanches, ce n'est pas le débarquement des libérateurs, c'est la préoccupation primordiale de savoir si le Gefreite Heinz Schnittermach, de la Wehrmacht, qui depuis quatre ans serre sa fille de près, va l'épouser ou non. Et alors commencent le bombardement intense de propos non-conformistes, les rafales de l'indifférence humaine en matière de conflits internationaux, la mousqueterie des gags dirigés à la fois contre les « Frisés », les Yankees, les militaires, la guerre et même la reconstruction. L'intense déversement de bonbonnes chargées d'acide anarchique, soutenu par cet auteur habile et dynamique crée et maintient une situation qui reste constamment gaie, entretenant d'un bout à l'autre du spectacle des ondes d'hilarité.

Il y a un contrat tacite avec le spectateur : s'il veut profiter de sa soirée, il faut qu'il laisse ses préjugés au vestiaire, qu'il n'oublie pas que le nom de l'auteur est Boris Vian et que l'affiche le prévient qu'il s'agit d'un vaudeville anarchiste. Deux personnages pourraient, sans inconvénient, être éliminés : le parachutiste japonais et la parachutiste soviétique, cette dernière habillée d'une façon charmante et fantaisiste par *une petite couturière qui demeure du côté de la place Rouge, à Moscou.*

André Reybaz, personnage central, le père équarrisseur, est remarquable : il joue avec naturel un naïf cynique. Catherine Toth, Nicole Jonesco, Yette Lucas, Jacques Muller et toute la troupe méritent des éloges.

La mise en scène est d'André Reybaz et le décor d'Yves Faucheur.

Valère RENAUD.

*
* *

Renée Saurel, assurant l'intérim de Jacques Lemarchand écrivit dans Combat (18 avril 1950) *ce qui suit :*

Je n'avais pas aimé « *J'irai cracher sur vos tombes* » où l'on ne retrouvait rien de l'auteur de ce beau livre qu'est « *L'écume des jours* », et cela m'avait bien attristée. Avec « *L'Équarrissage pour tous* », vaudeville anarchiste que présente la Compagnie du Myrmidon, resurgit le meilleur Boris Vian : sensible et cynique, inquiet et désinvolte. Depuis longtemps déjà nous savons que le risque n'effraie jamais cette troupe courageuse, qu'elle va de l'avant avec un entêtement joyeux qui est un signe de jeunesse et de santé morale. En montant le vaudeville de Boris Vian, le Myrmidon, cependant, assumait un risque très grand, car la pièce offense ce qu'on est convenu d'appeler le bon goût (ce qui, à mon avis, est au théâtre plus courageux encore que d'offenser les généraux et les gens d'Église) et le fait précisément au moment où ceux par qui l'on pouvait espérer voir assurer la relève se dérobent, pour se consacrer aux auteurs rentables.

Boris Vian a écrit, dit-il, une pièce contre la guerre. Ce n'est pas si puéril qu'on pourrait le croire. L'auteur n'est pas assez naïf, bien sûr, pour penser que l'art dramatique aura raison de la bombe « H ». Ce serait trop beau! Mais il croit avec raison que si l'on parvient à faire rire aux dépens de la guerre, il y a tout de même quelque chose de gagné. Il y est parvenu en évitant l'erreur majeure qui eût été d'écrire une pièce en trois actes. Et le metteur en scène, André Reybaz, a compris de son côté que ce vaudeville exigeait un rythme très rapide, une allure endiablée qui ne laissât point au spectateur le temps de méditer sur ce qu'Apollinaire nommait « l'usage raisonnable des invraisemblances ».

L'action se situe à Arromanches, le 6 juin 1944, jour d'un certain débarquement. Dans sa maison empuantie par l'odeur des chevaux abattus, l'équarrisseur, indifférent aux prouesses guerrières, se demande s'il va marier sa fille à l'occupant Heinz Schnittermach.

Ce dernier voit d'un mauvais œil l'arrivée des Américains et l'intérêt que semblent leur porter les demoiselles d'Arromanches. On est dans le pays depuis quatre ans, dit-il, voilà que des étrangers arrivent et il n'y en a plus que pour eux! Il en arrive en effet et de tous côtés : de ce qui semblait être un placard surgit une superbe Walkyrie soviétique, la cuisse dure, une étoile sur chaque sein; puis un Japonais plus rachitique, et voici les Américains avec leurs conserves et leurs inhibitions, et un pasteur préfabriqué... Tout ce petit monde parvient à s'entendre dans la maison de l'équarrisseur. On s'accoutume même à l'odeur et, s'il y a des récalcitrants, on les jette à la fosse. Tout serait pour le mieux si les services de la Reconstruction, soucieux d'esthétique, ne dépêchaient à l'équarrisseur libéré deux officiers mondains chargés de dynamite.

Tout cela, bien entendu, est très gros. Et l'un des mérites de la mise en scène est d'avoir mis l'accent sur ce mauvais goût volontaire qui convient parfaitement au sujet. L'interprétation est excellente; mais elle est fort nombreuse et la place ici mesurée. En citant Catherine Toth et André Reybaz, Nicole Jonesco et Zanie Campan, l'exquis Roger Paschel et Yette Lucas, l'on est injuste pour les autres...

Le décor de M. Yves Faucheur, dans lequel le plus pur écarlate hurle auprès du cyclamen des meubles, a l'exacte et intelligente laideur qui s'imposait. C'est là, naturellement, un spectacle que je déconseille à ceux dont la délicatesse ne supporte ni Apollinaire, ni Jarry.

Par intérim : Renée Saurel.

*
* *

Et voici qu'émerge des « Lettres Françaises » la gracieuse silhouette de cette chère Mme Triolet (20 avril 1950).

M. Boris Vian, à qui je voue une solide antipathie pour l'ignominie de ses crachats, a écrit une pièce historique que l'on joue au Théâtre des Noctambules.

Il prend une période « sublime » et il s'assied dessus. Mais il s'assied dessus avec juste le poids des chansonniers, du guignol, d'un innocent du village. Entendons-nous, un idiot du village qui serait vu par le soupirail d'une cave de Saint-Germain-des-Prés, sans innocence aucune, et avec assez d'expérience pour en tempérer l'expression.

C'est, dit l'auteur, un « vaudeville anarchiste », et « une pièce contre la guerre » (avec un point d'exclamation!). La thèse « anarchiste » est, comme vous le pensez bien, celle-ci : tout ça, c'est de la foutaise, vous vous valez tous, et pas la corde pour vous pendre, et vous finirez, les uns comme les autres, dans la fosse puante de l'équarrisseur. Parce que Boris Vian se devait de trouver un moyen d'introduire dans sa pièce une bonne petite puanteur! Pourtant, « les rébellions » dont parle Boris Vian dans son commentaire (et qui participent, je n'en doute point, de tout ce que je hais au monde) ne percent guère dans le vaudeville. L'absence de convictions chez l'auteur a gentiment détruit le côté révoltant que pourrait avoir cette vue de l'histoire, pour n'en garder que le côté guignolesque, avec la bonhomie et la drôlerie qu'offre une sottise extrême. L'auteur et le public sont d'accord pour rire sans amertume ni indignation aux dépens de ces sortes d'absurdes Adémaï.

Cela se passe le 6 juin 1944, au moment du débarquement à Arromanches. Le personnage central est un habitant d'Arromanches, équarrisseur de son métier et qui continue paisiblement, sous les bombardements, à vaquer à ses occupations professionnelles et familiales. Il a beaucoup d'enfants, qui sont indifféremment parachutistes chez les Américains ou les Russes, les filles couchant indifféremment avec les Allemands ou les Américains. Tout cela sous le signe de la puanteur venant de la fosse où pourrissent les animaux et les hommes qu'y envoie l'équarrisseur, sans plus de méchanceté que Guignol lorsque, d'un coup (d'un seul!) sur la tête, il se débarrasse d'un interlocuteur.

Toute la première partie est drôle, rapide, les effets les plus attendus font mouche, comme, par exemple, cette partie de cartes entre soldats allemands et américains dans la maison de l'équarrisseur, avec leur façon identique de peloter les filles, de se saouler et, finalement, de chanter : les Américains des chansons allemandes, les Allemands des chansons américaines... C'est plein de gags et de mots drôles, d'une drôlerie assez particulière et neuve. Mais il était difficile de soutenir le rythme et la verve de l'absurde jusqu'au bout, et déjà à mi-chemin cela commence à foirer. Cette peinture du monde « en mal », comme dirait Paul Eluard, tourne court et cesse de faire rire. Il aurait fallu couper là-dedans bien vingt ou vingt-cinq minutes sur soixante. Il aurait fallu faire laver à Boris Vian quelques crachats conventionnels et montrer cette pièce à un autre public, sachant tirer de cette « fable » une moralité qui n'aurait pas étonné l'auteur, étant donné qu'il n'est pas né d'hier.

Les deux pièces sont fort bien présentées par la compagnie André Reybaz.

Elsa TRIOLET.

Madame Triolet, il était regrettable que vous invoquassiez à propos de cette saynète réaliste des crachats romanesques qui appartenaient à un héros doublement fictif : mais on est excusable de céder à la propagande insidieuse des journaux qui nous envahissent.

Je ne veux éclairer qu'un point : j'ai bien écrit dans le programme : « L'Équarrissage pour tous est une pièce contre la guerre », mais le point d'exclamation malencontreux au possible, était l'œuvre du typo qui me trahit en l'occurrence.

*
* *

Et terminons sur une note joyeuse avec Guy Verdot, de « Franc-Tireur » (17 avril 1950).

« L'ÉQUARRISSAGE POUR TOUS »
ACTEURS : 16 — AUTEUR (EN LONG) : 1

Un vaudeville sur le débarquement. Voilà ce qu'il a voulu faire, M. Boris Vian. Pourquoi pas? Et pourquoi pas une opérette sur les camps de concentration?

L'écueil de l'aventure, c'était que les débarquements — comme, d'une façon générale, toutes les entreprises d'équarrissage à matériel humain — ne fussent pas de bons sujets de vaudeville. Pour parler contre la guerre, il faut un autre ton, même et surtout dans le comique. A tout le moins faut-il (au théâtre) un peu de transposition.Et de l'esprit. Mais qu'allons-nous parler sel attique à propos de cheval en daube!

L'équarrisseur en question, tandis que tombent les bombes sur Arromanches-les-Bains, n'a qu'une idée : marier ses filles. C'est une façon de nier la guerre. Elle est philosophique, c'est-à-dire puérile. Et si M. Vian veut voir de l'anarchie là-dedans, cela ne peut amuser que les anarchistes — les vrais, ceux qui se réclament de Jean Grave ou de Sébastien Faure, et non de Vernon Sullivan.

Tout cela ne serait cependant que grief léger si la pièce de M. Boris Vian était bonne. Elle m'a paru ennuyeuse à partir de son deuxième tiers, mal construite dès le premier et fort négligemment écrite de bout en bout. Quant à son contenu explosif, il se résume finalement à une caisse (factice) de dynamite, qui ne démolit rien, tout étant déjà par terre, y compris la pièce.

On attendait un boum. C'est du vent. Mettons plutôt : un vent. Si l'auteur compte là-dessus pour déclencher la tornade du scandale, c'est qu'il n'a jamais consulté un anémomètre, à Arromanches ou ailleurs.

La mise en scène d'André Reybaz comporte quelques jolies trouvailles, mais son rythme général se ressent de l'anarchie — pardon : du cafouillage apporté par l'auteur.

A part le talent de Reybaz acteur, celui de Guy Saint-Jean et les jambes de Zanie Campan, je ne vois pas ce que nous apportent ces « audaces » un peu trop concertées.

Guy VERDOT.

*
* *

On admirera l'incisif et le profond de cette critique. J'aime à me dire que M. Verdot me consacra une parcelle de ce temps si précieux qui nous valut déjà tant de pénétrants chefs-d'œuvre. Et puis il y a cette idée d'opérette sur les camps de concentration; mais pour cela j'ai senti le talent me manquer et j'ai prié M. Verdot de m'écrire les couplets.

Enfin, M. Verdot déplorait la facticité de notre caisse de dynamite finale; nous lui proposâmes de la remplacer par une vraie, à condition qu'il vienne au moins la première fois. C'était fin, n'est-ce pas?

Il n'est pas venu. Ça sera pour la prochaine fois...

B. V.

LE GOÛTER DES GÉNÉRAUX

Le Goûter des Généraux, écrit en 1951, a été présenté pour la première fois, dans une traduction en langue allemande, le 4 novembre 1964, au Staatstheater de Braunschweig.

La première représentation de la pièce, dans son texte original en langue française, a eu lieu le 18 septembre 1965 au Théâtre de la Gaîté-Montparnasse avec la distribution suivante :

Général James Audubon Wilson de la Pétardière-Frenouillou		André THORENT
Robert, valet de chambre d'Audubon.		Francis LAX
Mme de la Pétardière, mère du Général		Odette PIQUET
Général Dupont-d'Isigny	G. Q. G. d'Audubon	Roger MIDROLET
Général Juillet .	G. Q. G. d'Audubon	Pierre MOTTE
Général Lenvers de Laveste....	G. Q. G. d'Audubon	Claude EVRARD
Mgr Roland Tapecul, Archevêque de Paris..........................		Paul CRAUCHET
Francine, secrétaire de Plantin		Henriette COMTE
Léon Plantin, Président du Conseil		Jacques FERRIÈRE
Général Korkiloff, Délégué Militaire de l'U. R. S. S.		Martin TRÉVIÈRES
Général Jackson, Délégué Militaire des U. S. A.		VAN DOUDE
Général Ching-Ping-Ting, Délégué Militaire de Chine		François ROBERT

Mise en scène de François Maistre
Décors de François Robert

ACTE I

PREMIER TABLEAU

Une pièce chez le général James Audubon Wilson de la Pétardière-Frenouillou. Intérieur bourgeois coquet mais démodé où l'on sent la présence d'une vieille mère à l'haleine fétide. Au lever du rideau, on aperçoit la porte ouverte d'un cabinet de toilette à droite et l'on entend chanter le général Audubon qui fait sa toilette. Quelques instants plus tard, il paraît en scène. C'est un individu assez frêle, 55 ans, du genre nerveux, plutôt pétulant. Il est en manches de chemise, sans faux-col, en pantalon et en bretelles. Il achève de s'essuyer la figure et pose la serviette sur le dos d'une chaise. Il fredonne toujours et se met en devoir de fixer son faux-col et de passer sa cravate. Il a un mal inouï et s'y reprend à cinq ou six fois, devant son miroir, sans arriver à rien. Finalement, il glapit de rage, et furieux, se met à taper du pied en criant.

SCÈNE I

AUDUBON, SA MÈRE.

AUDUBON

Nom d'une pipe! Maman! Maman! Oh, je suis furieux! Je suis fou de rage! Maman!

Mme DE LA PÉTARDIÈRE (*voix cantonade*)

Qu'est-ce que c'est encore, mon petit (1)?

(*Elle apparaît, c'est une chose ignoble, digne, à cheveux blancs.*)

Qu'est-ce qui vous arrive donc?

AUDUBON

Ah! C'est exaspérant! C'est cette cravate! Je ne peux pas arriver à faire le nœud.

MÈRE

Allons, allons, Audubon, ne vous énervez pas. Vous n'avez qu'à demander à votre maman.

AUDUBON

Oh! Je déteste que les choses me résistent comme ça! C'est humiliant!

MÈRE

Mais non, Audubon, cela n'a rien d'humiliant, il s'agit d'un travail manuel. Vous êtes fait pour penser, vous, pour réfléchir, et non pour user de vos mains comme un croquant.

AUDUBON

Mais je suis général, ma mère...

MÈRE

Vous devez être le cerveau du corps de vos troupes.

AUDUBON

De mon corps d'armée, Maman. On dit un corps d'armée. Quand on est général de corps d'armée, on commande

(1) A l'endroit correspondant de la première version, Boris Vian a porté de sa main sur la dactylographie la correction suivante : Qu'est-ce encore mon fils?

un corps d'armée. Quand on est général de brigade, on commande une brigade, et quand on est général de division, on commande une division.

MÈRE (*nouant sa cravate*)

Eh bien, Audubon, comme le disait toujours feu votre père, dans votre corps d'armée, vous devez être le cerveau qui commande et auquel obéissent sans heurts les rouages innombrables de l'organisation, par la vertu lénitive et assouplissante de l'huile que constitue la discipline. Là, voilà votre cravate nouée.

AUDUBON (*lui baise la main*)

Ma mère, vous êtes merveilleuse.

MÈRE

Ah, Audubon, Audubon, sans moi, vous vous emporteriez dix fois par jour. Vous êtes-vous bien lavé les pieds?

AUDUBON

Mais oui, mère.

MÈRE

Et les oreilles aussi?

(*Il fait signe que oui.*)

Laissez-moi vérifier Audubon. Je me souviens que lorsque vous aviez six ans, il était impossible d'arriver à vous laver les oreilles.

(*Elle vérifie.*)

Hum. Cette oreille-ci me paraît un peu douteuse, mon fils.

AUDUBON

Vous aurez mal regardé, maman. Voyez plutôt le coin de la serviette.

(*Il décroche la serviette et la lui tend — elle regarde, hoche la tête et la repose.*)

MÈRE

Ah, Audubon, étaient-elles mignonnes vos petites oreilles de six ans. Mais vous voilà maintenant devenu un grand dadais de militaire, et vous faites plus de bêtises encore qu'à l'âge où vous plongiez le chat dans la soupe sous prétexte de le fortifier.

(*Elle rit — il est gêné.*)

AUDUBON

Ma mère, n'oublierez-vous jamais ces vieilles histoires?

MÈRE

Allons, Audubon, je sais que les jeunes gens n'aiment point que l'on évoque leur enfance. Mais nous sommes seuls et il n'y a pas lieu de vous vexer. Vous êtes toujours pour moi le petit garçon qui ne savait nouer seul les lacets de ses souliers.

AUDUBON

Mais je les noue tout seul, maintenant, ma mère.

MÈRE

Oui, mais vous m'appelez pour la cravate.

(*Une sonnerie retentit.*)

Tiens? Attendiez-vous donc une visite?

AUDUBON

Mais non, ma mère.

MÈRE (*le menace du doigt*)

Audubon, Audubon, vous n'êtes guère sérieux. C'est encore quelque cotillon.

AUDUBON

Oh! Maman! Pouvez-vous croire?

(*Il rit néanmoins, légèrement flatté.*)

Robert!

(*Il appelle.*)

Robert! Veux-tu ouvrir.

(*Bruit de pas — voix : oui monsieur, et porte ouverte et refermée.*)

MÈRE

Je vous laisse, mon fils.

(*Elle sort. Entre Léon Plantin.*)

SCÈNE II

AUDUBON, ROBERT, LÉON PLANTIN.

ROBERT (*suivant Léon*)

C'est Monsieur le Président du Conseil, mon général.

(*Il se met au garde-à-vous.*)

AUDUBON

Bien, repos.

(*Audubon à Léon.*)

Cher Président...

(*Robert sort.*)

SCÈNE III

AUDUBON, LÉON PLANTIN.

LÉON

Mon bon Audubon.

(*Ils se serrent affectueusement.*)

AUDUBON

Quelle bonne surprise!

LÉON

Ah! Pas pour moi.

AUDUBON

Comment, pas pour vous?

(*A part.*)

Il est très impoli, cet homme-là.

LÉON

Heu... Je veux dire que pour moi ce n'est pas une surprise puisque je savais que je venais vous voir.

AUDUBON

Ah, c'est juste, c'est juste. Asseyez-vous donc, cher Président. Vous prendrez bien quelque chose? Une citronnade? Un sirop d'orgeat?

LÉON

Heu... Vous n'avez pas de pastis, plutôt?

AUDUBON

Ah... non, je n'ai que de l'anisette... mais vous savez, c'est déjà un peu fort, à cette heure-ci...

LÉON

J'aurais préféré du Ricard, mais enfin... faites voir votre anisette. Dites-moi, Wilson, vous êtes capable de voir les choses en face?

AUDUBON

S'il s'agit de l'ennemi...

(*Il se redresse fièrement.*)

Un Wilson de la Pétardière est toujours prêt à faire face...

LÉON

Mais non, mais non, à quoi pensez-vous, voyons, la situation n'est pas si grave

(*Il soupire.*)

pas encore...

AUDUBON

Ah bon, bon. Vous me rassurez.

(*Il s'affaire.*)

Mais je vous prépare l'anisette.

LÉON

Très peu d'eau, je vous prie.

(*Audubon lui tend un verre, il boit.*)

Ah! Quelle horreur! Mais ce n'est pas de l'anisette!

AUDUBON

Oh! Excusez-moi... Je vous ai donné mon sirop d'orgeat. C'est un moment d'inattention.

(*Il fait l'échange des verres, puis s'installe.*)

LÉON

J'aurais préféré un pastis, mais enfin...

(*Il boit et frissonne.*)

Ce n'est guère mieux (1).

(*Il repose le verre.*)

Au fond, je crois que je n'ai pas soif.

(*Il regarde autour de lui.*)

Mais dites-moi, c'est gentil, chez vous...

AUDUBON (*modeste*)

Oh... C'est très simple. C'est ma chambre de jeune homme. C'est là que je reçois mes amis... on est bien plus tranquille.

(1) Ajout manuscrit sur la première version :
J'aurais préféré un pastis, mais enfin... (*il boit et frissonne*) Brr! Ce n'est guère mieux que le sirop d'orgeat.

(*Avec un clin d'œil.*)

Je vis dans l'appartement de ma mère, mais elle a les idées larges... une fois par semaine, nous avons une soirée ici... entre amis...

LÉON

Fichtre! Vous ne vous embêtez pas... Et... il y a des femmes?

AUDUBON

Bien sûr, quelquefois (1)... il y en a qui sont mariés et les autres amènent souvent leur mère. C'est très gai.

LÉON (*déçu*)

Ah! Oui! Ça doit être charmant! Eh bien, mon cher Wilson, je n'irai pas par quatre chemins avec vous; la situation actuelle de l'Europe est grave.

AUDUBON (*grave lui-même*)

Ah...

LÉON

Oui.

(*Positif.*)

Nous nous trouvons actuellement devant un ensemble de circonstances absolument imprévisibles et particulièrement inattendues. Vous suivez la conjoncture économique de près, je présume?

AUDUBON (*grave*)

Mon Dieu, je m'y intéresse, comme tous les individus

(1) Ajout manuscrit sur la première version :
Bien sûr, quelquefois... Il y en a des mariés qui viennent avec leurs dames et les autres (etc.).

sur qui le destin a fait reposer une certaine part de responsabilités.

LÉON

Votre fermeté me plaît. Bref, avez-vous vu ce que font les vaches?

AUDUBON

Les vaches?

LÉON

Et les poules?

AUDUBON

Comment, les poules?

LÉON

Et les mineurs?

AUDUBON

Eh, oui, quoi, les mineurs?

LÉON

Mon cher Wilson, les vaches ont des veaux, les poules pondent et les mineurs extraient du charbon.

AUDUBON

Mais... euh... c'est si grave?

LÉON

Eh bien, en temps ordinaire, n'est-ce pas, ça n'a rien de grave, parce qu'on fait jouer la loi de l'offre et de la demande, n'est-ce pas...

AUDUBON (*ne pige rien mais veut faire croire*)

Ah, oui, la loi... parfaitement. On la fait jouer... Comme ça...

(*Geste de balançoire.*)

LÉON

Pas du tout... comme ça.

(*Geste d'accordéon.*)

Cependant, outre qu'à l'heure actuelle c'est impossible, il se produit le fait spécialement fâcheux que toutes ces circonstances sont concomitantes.

AUDUBON (*perdu*)

Écoutez... euh... Je ne suis guère versé dans ces questions... Pourriez-vous me donner quelques détails. Moi, n'est-ce pas... hum... je suis un soldat (1)...

LÉON

C'est vrai, excusez-moi.

(*Rire complaisant.*)

J'oublie toujours que je me laisse emporter par le vocabulaire de mon ancienne profession...

AUDUBON

C'est vrai, vous étiez...

LÉON

Je tenais la rubrique financière à *l'Aurore* (2). Bref, pour

(1) Ajout manuscrit sur la première version :
... Je suis un soldat... un homme un peu matériel... un peu... brutal... je suis à l'aise dans le concret... le simple...
(2) Variante de l'exemplaire dactylographique de la première version :
Je tenais la rubrique financière au *Monde* (. . etc.).

vous résumer la situation, à l'heure actuelle, nous souffrons d'une crise de surproduction. En temps ordinaire, quand la production agricole augmente, on s'arrange pour que la production industrielle diminue; à la suite de quoi, les prix agricoles baissent et les prix industriels montent; à ce moment, on accorde une subvention aux agriculteurs qui peuvent ainsi attendre et maintenir les prix, et on augmente les salaires de l'industrie, de façon à leur permettre de profiter de l'abondance; la subvention accordée aux agriculteurs est utilisée par eux à l'achat de matériel industriel; et les superbénéfices réalisés conséquemment par les industriels nous reviennent sous forme de cotisations sociales, de taxes à la production et d'amendes diverses infligées par les brigades de contrôle du ministère. Le circuit se ferme et tout le monde est content.

AUDUBON
(*qui n'a toujours rien compris, définitif*)

Mais ce sont encore les militaires qui trinquent.

LÉON

Mais pas du tout, Wilson, pas plus que les autres fonctionnaires. Ne soyez pas amer. Je vous expose des méthodes d'équilibrage du budget pratiquées depuis des années et je ne sache pas que les militaires se soient jamais plaints des crédits qu'on leur accorde en fin de compte.

AUDUBON

Je m'incline. Encore que je ne vois pas où réside la gravité de la situation actuelle.

LÉON

Mais, Audubon, c'est effrayant. A l'heure actuelle, la production agricole augmente *en même temps* que la production industrielle. Vous concevez bien qu'il n'y a pas d'équilibrage possible dans ces conditions.

AUDUBON

On pourrait fusiller quelques-uns des meneurs?

LÉON

Mais non, mais non, Audubon. ce serait un palliatif temporaire. Il faut canaliser cette production, lui trouver de nouveaux débouchés.

AUDUBON

Les consommateurs, peut-être?

LÉON

Les consommateurs, oui, mais il est dangereux de les habituer à l'abondance. Dangereux et malsain. L'abondance est émolliente, Audubon. Une nation, pour être saine, exige des privations. Mais vous êtes sur la voie. Cherchez. Voyons, quel est le consommateur idéal?

AUDUBON (*illuminé, cherche, puis*)

L'armée!

LÉON

Voilà! L'armée présente un avantage capital; car c'est le consommateur qui paie l'armée, Audubon, et c'est l'armée qui consomme. D'où un déséquilibre permanent, qui seul nous permet d'équilibrer. Car on ne peut équilibrer que s'il y a déséquilibre, ça saute aux yeux.

AUDUBON (*admiratif*)

Voyez-vous, nous autres gens d'épée, nous avons tendance à minimiser vos facultés à vous, les hommes d'État... mais ce que vous me dites là... c'est très fort.

LÉON

Vous êtes trop aimable.

AUDUBON

Si, si, j'insiste, c'est très fort. Un peu d'anisette.

LÉON

Ça, par contre, c'est pas très fort... mais, puisque vous n'avez pas de pastis...

(*Il tend son verre.*)

AUDUBON (*s'interrompt brusquement*)

Mais au fait, Léon! Vous ne voulez pas dire!...

LÉON

Si. La guerre.

AUDUBON

La guerre.

(*Audubon lâche son verre et s'effondre sur un fauteuil* (1).)

LÉON

Allons... allons... remettez-vous, mon vieux... Wilson!... Enfin...

AUDUBON

Ah... Léon... Ce n'est pas possible... Ah... vite... Donnez-moi du sirop d'orgeat... là... là...

(*Léon se tourne* (2) *et lui donne le verre d'anisette. Audubon boit d'un trait et claque la langue.*)

(1) Ajout manuscrit sur la première version :
(*Audubon repose son verre et s'effondre sur un fauteuil.*)
(2) Ajout manuscrit sur la première version :
(*Prend le verre d'Audubon.*)

Ah!... ça fait du bien...

LÉON (*boit*)

Allez! A votre santé, vieux...

(*Il boit.*)

Oh! Quelle horreur! C'est encore votre sirop d'orgeat! Et vous avez bu mon anisette.

AUDUBON

Ah! Tant pis... au diable l'avarice. Ce que vous m'avez secoué, avec votre guerre. Ne faites pas de blagues comme ça, voyons...

LÉON

Écoutez, Wilson, ce n'est pas une blague...

AUDUBON

Enfin, je rêve (1)!

LÉON (*froid*)

Mon cher ami, vous n'êtes pas drôle.

AUDUBON

Ah, vous non plus (2)!

LÉON

Les producteurs comptent sur vous. Il faut voir les choses en face et prendre vos responsabilités.

(1) Ajout manuscrit sur la première version :
Audubon (*vague*).
Ah! Je rêve! Ce que je suis bien!
(2) Ajout manuscrit sur la première version :

AUDUBON (*revient au réel*)

Ah, vous non plus!

AUDUBON

Quant à ça, un général n'est pas responsable d'une guerre. La preuve, c'est que c'est toujours les civils qui la déclarent.

LÉON

Qu'est-ce que vous craignez? Vous aurez cinq millions de commerçants derrière vous.

AUDUBON

Oui, mais qu'est-ce que j'aurai devant moi, aussi? Des tas d'individus avec des fusils, des canons et des sabres, et vous trouvez ça spirituel.

LÉON

Mais, enfin, c'est votre métier de faire la guerre, sacré nom.

AUDUBON

C'est mon métier d'être général, et croyez-moi, ce n'est pas gai dans ces conditions-là. Ah, c'est très joli en temps de paix; un avancement régulier, pas de presse, on ne risque pas de voir des jeunes vous passer devant le nez simplement parce qu'ils se sont battus (1) ou une idiotie comme ça!... Mais en temps de guerre, avec ces effectifs changeants, ce désordre et tout ça! Oh, c'est une vraie corvée, je vous jure.

LÉON

Mais le pays entier sera derrière vous!

AUDUBON

Tout à l'heure, c'étaient les commerçants, maintenant, c'est tout le pays. Dites-moi... est-ce que le résultat des

(1) Ajout manuscrit sur la première version :
(...) parce qu'ils se sont battus.
— Pas difficile de se battre quand on n'est pas du métier! On ne voit pas le danger! Mais en temps de guerre (... etc.).

dernières élections n'avait pas donné soixante-quinze pour cent d'abstentions?

LÉON

Raison de plus! Qui ne dit mot consent!

AUDUBON

Voulez-vous que je vous dise, vous êtes fou.

LÉON

Passez-moi l'anisette.

AUDUBON

Il n'y en a plus.

LÉON

Alors, envoyez votre ordonnance chercher un litre de pastis.

(*Audubon va protester.*)

Allez, c'est moi qui paye.

AUDUBON (*appelle*)

Robert!

(*Entre Robert.*)

SCÈNE IV

ROBERT, LÉON, AUDUBON.

ROBERT

Oui, mon général.

LÉON

Tiens, Robert, voilà trois cents balles, descends chercher une bouteille de pastis.

ROBERT

Ça coûte huit cents balles, mon président.

LÉON

Ah, là, là, ce que vous êtes regardants, tous les deux! C'est à vous dégoûter de vous voter des crédits.

(*Il rajoute mille balles et reprend les autres.*)

Voilà mille francs, remonte la monnaie (1).

ROBERT

Oui, Monsieur le Président du Conseil.

(*Sort Robert.*)

SCÈNE V

LÉON, AUDUBON.

LÉON

Hum... Où en étions-nous?

AUDUBON

Je vous ai dit que vous étiez fou et pour bien prouver que j'avais raison, vous m'avez redemandé de l'anisette (2).

(1) Ajout manuscrit sur la première version :
Voilà mille francs, remonte-moi la monnaie.
(2) Ajout manuscrit sur la première version :
(...) de l'anisette dont vous ne vouliez pas tout à l'heure.

LÉON

Votre infecte anisette.

AUDUBON

Peu importe. Je prétends que vous avez perdu la tête. D'ailleurs on ne peut pas aimer la guerre sans avoir quelque chose de détraqué du côté sexuel (1).

LÉON

La paix non plus, surtout quand on est général.

AUDUBON (*désespéré*)

Mais enfin, c'est très dangereux, rendez-vous compte! A la dernière guerre, il y a même eu des généraux de tués.

LÉON

C'étaient des généraux allemands.

AUDUBON

Mais on est allié avec les Allemands, maintenant. Et il y a eu des prisonniers, comme Giraud, chose qui n'arrivait jamais jusque-là! Et Darlan a été tué, et il est arrivé un tas de sales histoires comme ça à Esteva, à Gamelin... euh lui... il s'en est tiré, mais enfin, ce n'est plus une sinécure d'être général. Il faut payer de sa personne, pour ainsi dire.

LÉON

Allons, allons, il y en a qui se sont très bien débrouillés. Regardez Juin, plutôt. En tout cas, il est essentiel que vous me donniez votre accord aujourd'hui même.

AUDUBON

Eh bien, moi je vous dis qu'il n'y a qu'une chose essentielle quand il s'agit de la vie d'un militaire. Je veux dire

(1) Ajout manuscrit sur la première version :
(...) c'est dans le rapport Kinsey.

d'un militaire de carrière, naturellement. C'est de ne rien précipiter. Tenez, 1914. Voilà une guerre convenable. Les tranchées! On avait le temps, là, au moins, on voyait ce qu'on faisait! Et puis il y avait l'arrière, les petites alliées... Ah, là, là, jamais on ne fera rien de mieux que la guerre de 14.

LÉON

Qu'est-ce que vous faisiez en 1914?

AUDUBON

J'étais aide de camp du général Robert, au G. Q. G. Et je vous jure que je le regrette, ce temps-là.

LÉON

Eh ben, moi, je vous jure que quand on vient vous proposer une guerre, vous mettez le temps à vous décider, vous, alors!

AUDUBON

Je ne connais pas d'exemple d'un général qui ait poussé son pays à partir en guerre. Oh, prenez n'importe lequel. Tenez, Gamelin, par exemple. Il l'avait bien dit, lui aussi.

LÉON

Et Bonaparte, alors?

AUDUBON

Bonaparte? C'est malin, c'était un Corse! Ça lui était bien égal, que les Français se battent! Vous n'allez pas me dire que c'est des armées corses qui ont envahi la Russie en 1812, non?

LÉON

Vous dites des idioties.

AUDUBON

Ça m'est égal. D'ailleurs, dire des idioties, de nos jours où tout le monde réfléchit profondément, c'est le seul moyen de prouver qu'on a une pensée libre et indépendante.

LÉON (*se lève*)

Oh, et puis, je perds mon temps à discuter (1). Le projet est déjà voté. Moi, je voulais faire appel à votre raison, mais puisque c'est sans espoir, considérez qu'il s'agit d'un ordre.

AUDUBON

Un ordre?

LÉON (*sec*)

Un ordre. De la Nation.

AUDUBON (*se rend compte avec joie*)

Mais dans ces conditions, c'est tout différent. Vous me couvrez?

LÉON

Naturellement.

AUDUBON (*tout naturel*)

Alors, d'accord. Pour quand?

LÉON

Le plus tôt possible.

(1) Ajout manuscrit sur la première version :
Oh, et puis, je perds mon temps à discuter, en somme. Le projet est déjà voté (... etc.).

AUDUBON (*empressé*)

Parfait.

(*Entre Robert.*)

Comptez sur moi.

SCÈNE VI

ROBERT, AUDUBON, LÉON.

AUDUBON

Ah! Te voilà! Débouche ce pastis. Nous allons trinquer. Allons, dépêche-toi, grande bourrique.

LÉON

A partir de maintenant vous vous chargez de tout?

AUDUBON

Vous me couvrez toujours?

LÉON

Naturellement.

AUDUBON (*sûr de lui*)

Alors, je me charge de tout.

ROBERT

V'là le pastis, mon général.

AUDUBON

Donne-m'en un verre!

(*Ils trinquent.*)

Bois avec nous, soldat!

(*Robert se sert.*)

A nos victoires!

(*Il boit et s'étrangle horriblement, Léon et Robert lui tapent dans le dos.*)

LÉON

Pas si vite.

AUDUBON

C'est très puissant, ce produit-là (1)!

(*Il tend son verre.*)

Redonne-m'en Robert.

(*Il siffle avec autorité la seconde rasade.*)

LÉON

Eh ben! Vous y venez (2)!

AUDUBON

Oui... ça ira.

(*A Robert.*)

Qu'est-ce que tu fais là, encore?

ROBERT

Je vous ai ramené la monnaie, mon général.

(1) Ajout manuscrit sur la première version :
C'est très puissant, ce truc-là! Tout autre chose que l'anisette!
(2) Ajout manuscrit sur la première version :
Eh ben! Vous y venez! Et il boit ça pur! (*A Robert.*) Moi, tu me donneras de l'eau!

AUDUBON

Garde-la.

LÉON

Eh ben, dites donc, vous...

AUDUBON

Ah, ne soyez pas mesquin! C'est la guerre, hein!

LÉON (*grommelle*)

Ben en voilà une qui me coûte cher!...

AUDUBON

Et maintenant, je vais vous demander de me laisser travailler.

LÉON

Vous voyez ça avec vos collègues?

AUDUBON

Sur-le-champ.

LÉON

A la bonne heure!

(*Il se lève.*)

Allez, mon chapeau, Robert.

ROBERT

Oui, M'sieur le Président du Conseil.

(*Il court le chercher et le manteau aussi.*)

Si M'sieur le Président du Conseil veut bien se donner la peine.

(*Audubon s'absorbe à gauche dans la pose de Napoléon.*)

LÉON

Robert!

(*A mi-voix.*)

Rends-moi donc deux cents balles, je n'ai plus de monnaie pour mon taxi.

(*Il lui fait signe de rendre les sous.*)

ROBERT (*à voix haute*)

Vous dites, M'sieur le Président?

(*Audubon sursaute et vient.*)

LÉON

Rien! Rien! Au revoir!...

AUDUBON

Au revoir!

ROBERT

Par ici, M'sieur le Président du Conseil.

SCÈNE VII

AUDUBON (*seul*)

La guerre! Quel type! Comme si je n'avais que ça à faire!

(*Il passe près de la table basse où se trouvent encore les verres, la bouteille et le reste et, comme s'il avait peur qu'on le voie, se verse en vitesse une rasade qu'il engloutit.)*

Hum. C'est pas mauvais.

(Il regarde l'étiquette.)

Avec de l'eau, c'est presque de la même couleur que le sirop d'orgeat.

(Il embarque la bouteille et va la planquer dans son armoire, puis revient. Il reprend un verre, hésite, va boire une rasade et revient de nouveau.)

Maman! Petite mère!

MÈRE *(voix à la cantonnade)*

Vous m'appelez?

SCÈNE VIII

AUDUBON, SA MÈRE.

AUDUBON

Maman, je voudrais vous demander quelque chose.

MÈRE

Certainement, mon fils. Je serai ravie de vous l'accorder s'il s'agit d'un désir raisonnable.

AUDUBON

Maman, je voudrais recevoir quelques petits camarades tantôt. Est-ce que je peux?

MÈRE

Ce sont des garçons bien élevés?

AUDUBON

Oh oui, mère. Ils sont tous généraux. Oh, vous savez, ils sont même très bien élevés.

MÈRE

Si ce sont de gentils garçons, Audubon, il n'y a aucune raison que je vous le refuse. Invitez vos petits camarades à goûter.

AUDUBON

Maman, peut-être que vous nous feriez un quatre-quarts?

MÈRE (*indulgente*)

Ah, vous, je vous vois venir. Vous abusez de mon indulgence.

AUDUBON

Oh! Vous êtes chic, maman.

MÈRE

Mais alors dites-moi pourquoi cette réunion?

AUDUBON

Oh, c'est juste pour bavarder avec eux, enfin, les voir... Ce sont de bons amis.

MÈRE

Vous me dissimulez quelque chose, Audubon.

(Elle renifle.)

Venez ici.

(Il s'approche.)

Soufflez.

(Il soufflote.)

Plus fort.

(il lui fait Ha au nez.)

Oh! Quelle horreur.

(Elle le gifle à tour de bras.)

Mais vous avez bu! Vous empestez l'absinthe.

AUDUBON (*pleurniche*)

Maman, je ne voulais pas... C'est Plantin!...

MÈRE

Plantin? Vous connaissez un Plantin, vous?

AUDUBON

Léon Plantin, le Président du Conseil...

MÈRE

Sa fonction (1) n'est pas une excuse à vos fréquentations! Son nom pue la roture!

(1) Ajout manuscrit sur la première version :

MÈRE

Et quand il serait le pape! Sa fonction n'est pas une excuse (... etc.)

AUDUBON

C'est lui qu'est venu, tout à l'heure, et il m'a fait boire, il m'a presque forcé, et puis il m'a obligé à faire la guerre.

MÈRE

Comment! Et vous avez accepté?

AUDUBON

Il m'a donné l'ordre, maman.

MÈRE

Il y a des ordres que l'on ne se laisse pas donner.

AUDUBON

Je ne pouvais rien faire d'autre.

MÈRE

Et c'est cet individu qui vous a fait boire cet ignoble raki!

AUDUBON

Oui, maman. Mais je ne voulais pas, moi, maman, et il m'a presque obligé.

MÈRE

C'est du propre. Et moi qui suis assez bonne pour vous laisser recevoir vos amis.

AUDUBON

Mais, maman, c'est le gouvernement qui...

MÈRE

Le gouvernement! Le gouvernement! Je vous ferai voir, monsieur. Vous avez été très vilain. En guise de punition, vous n'aurez pas de quatre-quarts.

AUDUBON

Oh! Maman, quand même...

MÈRE

Et puis qu'est-ce que c'est que cette guerre où vous allez encore gâter vos uniformes?

AUDUBON

Oh, mais je ne sortirai pas beaucoup, vous savez... c'est les soldats qui se battront...

MÈRE

Dire qu'on ne peut pas vous laisser seul cinq minutes sans que vous vous mettiez une vilaine affaire sur les bras. Audubon, aujourd'hui, vous m'avez fait beaucoup de peine. Recevez vos amis pour cette fois, mais si pareille incartade se renouvelle, vous serez sévèrement puni.

AUDUBON

Oui, maman. Je peux téléphoner à mes amis?

MÈRE

Servez-vous du téléphone si vous le désirez. De mon temps, on faisait porter sa carte par son ordonnance.

AUDUBON

Robert ne voudra pas. Je l'enverrai chercher les gâteaux secs.

MÈRE

Vous êtes ridiculement faible avec ce garçon.

(*Elle sort.*)

SCÈNE IX

AUDUBON, *puis* ROBERT.

AUDUBON

Robert! Robert.

Ça m'ennuie, que maman ne fasse pas de quatre-quarts, il va falloir que j'achète des gâteaux secs sur mon argent de poche.

(*Il hausse les épaules.*)

Enfin. Oh! J'ai une idée.

(*Entre Robert.*)

Robert!

ROBERT

Oui, mon général.

AUDUBON

Tu vas descendre acheter une demi-livre de gâteaux secs. Des pas trop chers. Des ronds, tu sais, avec un trou.

ROBERT

Bien, mon général. Mon général peut-il me donner de l'argent?

AUDUBON

Prends sur le tien, je te rembourserai.

ROBERT

C'est que je n'en ai pas, mon général.

AUDUBON

Comment ! Tu as gardé la monnaie tout à l'heure !

ROBERT

Je ne l'ai plus... On me l'a prise. C'est Madame, je l'avais laissée sur la table de la cuisine.

AUDUBON

Tu exagères... tu aurais pu partager avec moi.

ROBERT

C'est vrai, mon général. C'est pas chic de ma part. Je vais prendre sur mes économies, si mon général veut.

AUDUBON

Oh, c'est trop gentil...

ROBERT

Ah, si mon général n'y tient pas...

AUDUBON

Si, c'est trop gentil, j'accepte. Va vite.

ROBERT

Oui mon général.

(*Robert sort.*)

SCÈNE X

AUDUBON (*seul*)

Voilà comment on se fait aimer de ses hommes.

(*Il va au téléphone.*)

Ah! je vais téléphoner à mes amis.

... Taitbout... cinq... quatre... trois... neuf... Allô... Allô... Allô... C'est vous, d'Isigny? Ici Wilson... très bien, cher, et vous... Eh bien je voulais vous demander si vous accepter de venir tout à l'heure... Oh, c'est en toute simplicité, nous serons quelques amis... pour prendre le thé... (1).

RIDEAU

(1) Ajout manuscrit sur la première version :
... Pour prendre le thé... Oui... Juillet aussi... Mais oui... Ça sera une occasion de faire connaissance... (etc.).

Rideau pendant qu'il parle.

DEUXIÈME TABLEAU

Ça se passe dans la même pièce si on veut, ou dans la salle à manger des Pétardière, auquel cas ignoblement bourgeoise et ornée de portraits de zouaves.

Au lever du rideau, Audubon, affairé, arrange la table du goûter sur laquelle il dispose un vase de fleurs très laid.

On entend une sonnerie.

SCÈNE I

AUDUBON

Robert! Tu vas ouvrir?

(*Voix de Robert.*)

Voilà, voilà, mon général.

(*Bruit de voix. Paraît, introduit par Robert, le général Dupont d'Isigny.*)

SCÈNE II

DUPONT, AUDUBON.

DUPONT

Mon cher Wilson!

AUDUBON

Mon cher d'Isigny!

DUPONT

Dupont d'Isigny. Si ça ne vous ennuie pas, donnez-moi mon nom entier, ou alors ne me donnez rien du tout, et ne m'adressez plus la parole.

AUDUBON

Croyez bien que je n'avais nullement l'intention...

DUPONT (*froid*)

Oh! Mais ça n'a aucune importance!...

(*Il regarde.*)

C'est charmant chez vous! C'est délicieusement arrangé.

(*A part.*)

Quelle horreur.

AUDUBON

Ma mère s'occupe de tout d'une façon admirable. Elle est d'un dévouement!...

DUPONT

Ah! Les mères! Les vraies compagnes des guerriers.

AUDUBON

Comme c'est juste ce que vous dites là. Ça va loin, vous savez, sans en avoir l'air.

DUPONT (*vexé*)

Mais je trouve que ça en a l'air... (1).

AUDUBON

Mais asseyez-vous! Un doigt d'anisette?

DUPONT

Oh, ça serait plus gentil d'attendre les autres...

AUDUBON

D'ailleurs, ils ne vont pas tarder...

(*Ils prêtent l'oreille.*)

Non...

(*Sonnette.*)

Si...

ENSEMBLE

Les voilà...

(*Robert introduit les généraux Laveste et Juillet.*)

(1) Variante de l'exemplaire dactylographique de la première version :

DUPONT (*vexé*)

Mais je trouve que ça en a l'air... ça fait au moins cinq mois qu'on me dit que c'est excellent... Je l'ai sorti pour la première fois... (*il compte*) voyons... en janvier dernier... alors vous voyez! c'est rodé!...

AUDUBON (*admiratif*)

Cinq mois de succès c'est quelque chose!... Mais asseyez-vous! Un doigt d'anisette?

SCÈNE III

AUDUBON, DUPONT, LAVESTE, JUILLET.

AUDUBON

Chers amis!... Quelle exactitude!

DUPONT (*vexé*)

Alors, moi, j'étais en avance!

LAVESTE

Mais non, c'est nous qui sommes en retard!...

AUDUBON

Écoutez, mon bon Dupont, ce que vous êtes susceptible!

DUPONT

Je m'appelle Dupont d'Isigny.

(*Il accentue les D.*)

LAVESTE

Lenvers de Laveste! Enchanté!

JUILLET

Juillet! Ravi.

(*Serrage de mains.*)

AUDUBON

Eh bien, nous voilà au complet! Si vous voulez, nous allons goûter. Asseyez-vous donc!...

(*Tout le monde s'assied.*)

Chacun choisit sa place, n'est-ce pas. Pas de manières!...

JUILLET

Mmmm! Toutes ces bonnes choses ont l'air bien tentant!

AUDUBON

Ah, maman a tout de même fait un gâteau. Mais j'ai eu du mal à la décider. Figurez-vous qu'elle était très fâchée contre moi parce qu'elle m'a pris en train de boire du pastis...

(*Il rit, assez fier.*)

Hein!... Quel diable je fais.

LAVESTE

Oh! C'est très mal!

(*A Juillet, bas.*)

Mais c'est un minus, ce type-là?

JUILLET (*de même*)

Oh, il doit avoir ses bons côtés.

(*Haut.*)

Mais vous nous aviez réunis pour nous apprendre une grande nouvelle, mon cher Audubon. Est-il trop tôt pour nous la dire?

AUDUBON

Oh, goûtons d'abord.

DUPONT

Mais nous grillons d'impatience.

LAVESTE

Tiens! Vous dites « grillons », moi je dis « bouillons »!

DUPONT

Quoi, bouillons?

LAVESTE

Je dis nous bouillons d'impatience.

JUILLET

Ah, c'est drôle, moi je dis nous « séchons » d'impatience.

AUDUBON

Eh bien, grillons c'est la cuisine à l'huile, séchons, c'est la grillade, et bouillons c'est dans l'eau...

DUPONT (*abasourdi, à part*)

Je ne comprends plus rien du tout! Il est idiot!

JUILLET

N'empêche, mon cher Audubon, que je me ronge d'impatience.

LAVESTE

Ah, maintenant, vous vous rongez!

JUILLET

Dame, cette discussion culinaire me donne faim.

AUDUBON

Écoutez, avant que nous en venions au fait, il ne nous est tout de même pas interdit d'avoir une conversation de salon! Nous nous voyons si peu! Profitons-en pour faire plus ample connaissance! Après tout, c'est la première fois que le G. Q. G. se réunit. D'abord, nous devrions tous nous appeler par nos prénoms, ça serait plus gentil.

(*A Laveste.*)

Vous, quel est le vôtre?

LAVESTE

Michel.

AUDUBON

Ah, c'est charmant.

LAVESTE (*modeste*)

C'est le patron des combattants.

AUDUBON

Oui, c'est le seul ennui, mais c'est charmant.

(*A Juillet.*)

Et vous, cher?

JUILLET (*sombre*)

Philippe!

(*Tous se lèvent.*)

ENSEMBLE

Honneur au courage malheureux.

(*Ils se rasseyent.*)

LAVESTE (*nostalgique*)

Ah! Où est-il le temps où tout le monde pouvait encore espérer porter sept étoiles sans finir en prison!

JUILLET

Oui, on nous rationne les étoiles, et le moindre couple d'amoureux les a toutes sous la main.

TOUS ENSEMBLE

Oh, sublime!
Quel mot délicieux!
Quel poète!

JUILLET

Oh, ce n'est rien; depuis six ans je traduis en alexandrins le manuel de préparation militaire supérieure, alors, n'est-ce pas...

AUDUBON

Mon cher Philippe, en vous disant que vous avez un joli brin de lyre au bout de vos feuilles de chêne, je crois que je ne ferai que résumer l'opinion... générale...

(*Il rit.*)

TOUS ENSEMBLE

Exquis.
Bien trouvé.
Quel esprit!

AUDUBON

Vous êtes trop aimables.

(*A Dupont.*)

Et vous, cher Dupont d'Isigny, quel prénom portez-vous?

DUPONT

Heu!... mon prénom ne me plaît guère... Je m'appelle Georges.

LAVESTE

Hé! Saint Georges et les Dragons...

JUILLET

Et la Cavalerie de Saint-Georges!...

AUDUBON

Oui, vous avez du monde sous vos ordres!...

DUPONT

Cela ne me suffit pas. Je suis plein d'orgueil.

(*Il rit.*)

Oh, je ne m'en cache pas. C'est mon charme. Mais vous savez, j'avais une idée folle. J'aurais voulu m'appeler Dieu.

(*Froid général. Airs qui distant, qui méprisant, qui gêné.*)

AUDUBON

Écoutez, Dupont...

LAVESTE

Vous allez peut-être un peu fort!...

JUILLET

Oui, enfin, nous ne sommes tout de même pas des bouchers.

DUPONT (*vexé*)

Ah bon, je ne dis plus rien.

AUDUBON

Allons, allons, ne nous disputons pas.

(Il passe les gâteaux.)

Goûtons plutôt.

(Bruit de mandibules, emplissage de verres (1).)

Anisette, Michel? Anisette, Georges?

LAVESTE-JUILLET

Volontiers.
Avec plaisir.

AUDUBON

Allez, Dupont d'Isigny, buvez avec nous, ne faites pas la tête.

DUPONT *(boudeur)*

Je ne fais pas la tête. Je boude.

JUILLET

Allons, soyons gais. Je sais une devinette (2).

(A Audubon.)

Je peux la dire?

AUDUBON

Elle est convenable, au moins?

(1) Ajout manuscrit sur la première version :
(Bruit de mandibules, emplissage de verres.)

DUPONT

D'ailleurs vous vous êtes mépris : Je pensais : Dieu avec une particule. D'Yeu. D apostrophe i grec eu hu.
(Tous se lèvent.) Honneur au courage malheureux. *(Dupont boude.)*

(2) Ajout manuscrit sur la première version :

JUILLET

Allez, soyons gais. Je sais une devinette. Ça vous déridera.

JUILLET

Oh, bien sûr,

(*Il rit.*)

mais elle va vous faire chercher!

LAVESTE

Oh, dites-la nous vite.

JUILLET

Moi, je veux bien, mais je ne veux ennuyer personne.

AUDUBON

Je vous en prie, si elle est correcte, nous serons ravis de l'entendre!...

JUILLET

Ah, je me sens gêné, maintenant, c'est ridicule.

TOUS ENSEMBLE

Mais si, dites-la (1).
Allons, voyons.
Un bon mouvement.

JUILLET

Eh bien, la voilà. Il faut trouver un mot de cinq lettres, avec un M au début, un R au milieu et un E à la fin qui rappelle la mémoire d'un grand général.

(1) Ajout manuscrit sur la première version :

AUDUBON et LAVESTE (*ensemble*)

Mais si, dites-là
Allons, voyons
Un bon mouvement

DUPONT (*glacial*)

Il vous mène en bateau!

(*Silence glacial.*)

Oh!... J'ai honte, maintenant... (1)!

AUDUBON

Hum... mon cher... tout de même... vous êtes cavalier, je veux bien, mais même pour les chevaux, il y a des bornes...

JUILLET (*véhément*)

Ah, zut! Je ne voulais pas la dire. Je savais bien que ça ne vous plairait pas... Eh bien, ça rappelle la victoire du général Joffre, et c'est la MARNE.

LAVESTE

Ah, ça, c'est exquis (2)!

(*Dupont reste blême et bée.*)

AUDUBON

Remarquable, mon vieux. Remarquable. Et d'un goût... Mais reprenez de l'anisette, votre verre est vide (3).

JUILLET

Merci.

(*Boit.*)

(1) Ajout manuscrit sur la première version :
Oh!... J'ai honte, maintenant!... (*Dupont rit, strident.*)
(2) Ajout manuscrit sur la première version :

LAVESTE

Ah, merde! c'est exquis!

DUPONT (*admiratif*)

Ce n'est pas en bateau qu'il nous menait! C'est en taxi!... (*Tous se récrient d'aise, il s'épanouit.*)
(3) Ajout manuscrit sur la première version :
(...) Votre verre est vide, Juillet.

AUDUBON (*aux autres*)

Un peu de gâteaux? Encore un peu d'anisette? Georges? Non? Michel? Vraiment?

TOUS ENSEMBLE

Fini.
Merci.
Nous sommes repus.

AUDUBON (*pose sa serviette et repousse sa chaise*)

Eh bien, maintenant que nous sommes bien réconfortés, nous allons discuter sérieusement.

JUILLET

Ah, enfin.

LAVESTE

Je mourais d'impatience.

DUPONT

Tiens? Vous mourez, vous?

JUILLET

Il meurt! C'est drôle!

AUDUBON

Eh bien, voilà.

(*Un silence, il se recueille.*)

Léon Plantin sort d'ici à l'instant.

DUPONT (*sec*)

Vous avez de singulières relations.

AUDUBON

Croyez que ce n'est pas moi qui les cherche. Néanmoins, on ne peut se dissimuler qu'il est actuellement Président du Conseil.

JUILLET (*léger*)

Bah, ça ne durera pas.

AUDUBON

C'est aussi mon avis, surtout avec ce qu'il vient de me proposer.

(*Il ricane.*)

Il ne fera certainement pas long feu. En deux mots, Léon Plantin veut la guerre.

(*Tous se lèvent.*)

TOUS ENSEMBLE

Mais c'est de la folie!

AUDUBON

Hé oui, voilà.

DUPONT

Eh bien, nous avons bien fait de goûter tout de suite.

LAVESTE

Une nouvelle comme ça, le fait est que c'est de taille à vous couper l'appétit. Mais vous a-t-il dit pourquoi?

AUDUBON

Pensez-vous. Il m'a raconté des histoires à dormir debout. En gros, je crois que la quincaillerie se vend mal.

LAVESTE

Enfin, c'est idiot, il n'y a qu'à vendre autre chose...

AUDUBON

Le reste se vend mal aussi.

JUILLET

Ah, c'est trop fort, écoutez, c'est toujours nous qui payons les pots cassés. Il joue sur le velours, votre Plantin.

AUDUBON

Eh ben, je crois que le velours se vend aussi mal que le reste.

LAVESTE

Oh, c'est très désagréable, écoutez, rien ne désorganise une armée comme la guerre.

JUILLET

On pourrait peut-être en faire une courte?

AUDUBON

Plantin sera furieux. Et puis une guerre courte... Il va encore en réchapper un tas de blancs-becs qui nous passeront sur le dos... Non, tant qu'à faire, il faut en faire une vraie. Oh, vous savez, j'ai tout dit pour le raisonner (1).

DUPONT

Nous ne pouvons pas accepter ça, enfin. Soyez sérieux, Wilson. Il faut convaincre Plantin. Téléphonez-lui.

AUDUBON

C'est impossible. Il est buté. Si j'ai un conseil à vous

(1) Ajout manuscrit sur la première version :
(...) Oh, vous savez, j'ai tout tenté pour le raisonner.

donner, c'est de ne pas avoir affaire à lui, il va vous casser la tête avec des théories économiques absolument fumeuses... Moi, je n'y ai rien compris.

JUILLET

Moi, je refuse. Pas de guerre.

LAVESTE

Pas de guerre...

DUPONT

Je suis de votre avis. Pas de guerre.

AUDUBON (*se lève*)

Messieurs, c'est un ordre.

(*Silence de mort.*)

JUILLET

Vous vous chargez de tout?

AUDUBON

De tout.

LAVESTE

Ah, dans ces conditions, d'accord.

(*Approbations.*)

Mais c'est bien embêtant. Donnez-moi un peu d'anisette, ça m'a remué.

AUDUBON

J'ai mieux que ça.

(*Mystérieux.*)

Du pastis.

(Il se lève et va le chercher.)

JUILLET

Oh! quelle bonne idée!

DUPONT

Mon cher Wilson, vous me semblez faire des progrès.

(Il ricane.)

Encore deux ou trois guerres et vous serez un vrai soldat.

AUDUBON

Vous, toujours caustique!

(Verse le pastis.)

Assez d'eau? Comme ça?

(Les autres l'arrêtent quand il faut. Audubon se sert et se rassied.)

Messieurs, j'ai une prière à vous adresser; ne parlez pas de ça à ma mère.

JUILLET

De la guerre? Bien sûr que non!

AUDUBON

Non, pas de la guerre, ça, ça ne fait rien, de toutes façons, j'en discuterai avec elle, mais du pastis.

(Gêné.)

Elle m'interdit d'en boire.

(*Coquin.*)

Mais j'en bois en cachette. Un vrai diable, je vous le dis.

DUPONT (*à part*)

Je me trompais, il est complètement idiot (1).

LAVESTE

Mais, dites-moi, avez-vous pensé à tout?

AUDUBON

Euh... les détails, n'est-ce pas, c'est à vous de les mettre au point... on va voir ça grosso modo... Une question se pose immédiatement; sur quoi pouvons-nous compter?

JUILLET

Comment, sur quoi?

AUDUBON

Eh bien oui, quoi, sur quels effectifs, je ne sais pas, moi. Combien de divisions avons-nous de prêtes? Voyons, Dupont, dans votre armée?

DUPONT

Heu... Vous savez, en fait, une division, c'est assez élastique... de mon côté... hum... Euh... Je dois avoir entre deux et neuf divisions... maintenant, avec les congés, les exemptions, le Tour de France et tout, c'est bien rare si ça fait douze mille hommes.

AUDUBON

Chacune?

(1) Ajout manuscrit sur la première version :

DUPONT (*à part*)

Je ne me trompais pas, il est complètement idiot.

DUPONT

Oh, non! En tout!

AUDUBON

Aïe, aïe, ce n'est pas lourd. Enfin... d'ici là, ça peut s'arranger.

DUPONT

Comment, d'ici là? D'ici quand, d'ailleurs, au fait?

AUDUBON

Ah, je ne sais pas, moi, c'est vous que ça regarde, après tout. C'est vous le G. Q. G. n'est-ce pas. En tout cas, le plus tôt possible, a dit Plantin.

LAVESTE

Est-ce que les affiches sont prêtes?

JUILLET

Quelles affiches?

LAVESTE

Les affiches de Mobilisation Générale.

AUDUBON

Ah, c'est vrai! Les affiches! Il y a encore ça! C'est assommant! Oh, il doit y en avoir de prêtes.

DUPONT

Les affiches sont nécessaires.

AUDUBON

D'un autre côté, les affiches permettront de compléter les effectifs.

LAVESTE

Oui, mais ça ne fait jamais que des amateurs. Ah, que c'est embêtant, cette guerre. Donnez-moi un pastis.

AUDUBON (*à Laveste*)

Enfin, vous, Laveste, qu'est-ce que vous avez de disponible en ce moment?

LAVESTE

Oh, ça n'a pas d'importance, moi je m'arrangerai toujours. Vous savez, les avions, c'est tout de même secondaire.

AUDUBON

C'est bien mon avis. On a beau dire, l'infanterie ça a une fameuse gueule, sacré nom de Dieu! Oh! Qu'est-ce que je dis, moi!

(*Il prend la bouteille.*)

Une petite tournée, les amis?

(*Acceptations diverses*)
(*A Juillet.*)

Et vous, Juillet, vos tanks, ça donne quoi?

JUILLET

Mes tanks?

(*Il ricane.*)

Eh ben, ça va bien, je vous remercie. Toujours dans le même état. Tous rouillés.

AUDUBON

Comment, ce sont toujours les mêmes?

JUILLET

Oui, ceux qu'on a récupérés sur les plages en 45. Il y a des prototypes, naturellement, mais on attend de voir ce que font les autres. De toutes façons, à l'heure actuelle, il n'y a pas un tank qui puisse résister aux armes antichars, alors c'est pas la peine de s'en faire. Les vieux seront très bien... Pas de frais inutiles. On verra ça avec les industriels, c'est eux qui décident

AUDUBON (*optimiste*)

En somme, ça ne se présente pas plus mal que d'habitude?

DUPONT

Certes! Je dirai même que ça se présente aussi bien que d'habitude.

AUDUBON

D'ailleurs, tout revient à une question d'instruction, n'est-ce pas! En fin de compte, c'est l'infanterie qui décide du sort de la guerre, et, Dieu merci, les adjudants français sont une institution que le monde militaire nous envie.

(*Il se frotte les mains.*)

Maintenant que nous avons examiné l'essentiel du problème, il faudrait peut-être voir un peu le détail. Vis-à-vis du public, nous allons nous trouver dans une situation délicate... N'est-ce pas, une guerre, ça s'est déjà tellement fait, les gens ne vont pas faire attention; il faudrait trouver du nouveau, une façon originale de présenter les choses... En deux mots. le côté propagande a son importance.

JUILLET

Ça, nous pouvons compter sur les journalistes, ils nous soutiennent toujours. Ils nous ont toujours réservé les plus gros titres. Ça les arrange, d'ailleurs, ça leur fait moins à écrire.

AUDUBON

Bien sûr, bien sûr, mais il faut dire aussi que personne ne les lit; d'ailleurs, c'est tout des menteries; non, ce que j'appelle la propagande, ce n'est pas les journaux, c'est de la publicité payée. Il faudrait intéresser les gens à ça... Il y a sûrement quelque chose à faire.

DUPONT

En tout cas, un point reste primordial, et je voudrais m'assurer que vous êtes de mon avis : voilà, je pense qu'il faut absolument que nous soyons soutenus par l'Archevêché.

LAVESTE

Ah! Ça, je crois que vous avez mis le doigt dessus.

JUILLET

Ça paraît essentiel.

DUPONT

Oui, n'est-ce pas, ce sont les seuls qui aient encore un certain crédit; ils ont tellement plus d'argent que les autres que personne ne peut se dire qu'ils sont vendus... Ils achèteraient plutôt. Aux yeux du public, ça leur donne naturellement beaucoup d'autorité. Croyez-moi, je n'en suis pas à ma première guerre; si l'Archevêché marche avec nous, la partie est gagnée.

LAVESTE

Nous pourrions peut-être les prier de venir? Vous le connaissez bien l'archevêque?

AUDUBON (*regarde sa montre*)

Patience, messieurs, je l'ai déjà convoqué; mais il avait une course à faire. Oh, une course idiote... Figurez-vous qu'il est impossible de trouver des chaussettes violettes à Saint-Sulpice en ce moment, les jeunes gens de Saint-

Germain-des-Prés les achètent toutes... et ce pauvre Roland a dû courir jusqu'à Versailles! Il devrait être là... Il est en retard de cinq minutes sur mes pronostics (1)...

(*Il se lève et va à la porte.*)

DUPONT (*à part*)

Il est idiot, mais il a du métier!

LAVESTE (*à Juillet*)

Qu'en pensez-vous?

JUILLET (*désigne Audubon*)

Du moment qu'il se charge de tout, moi ça m'est égal.

DUPONT

C'est sa guerre, hein, ça ne nous regarde pas.

LAVESTE

Tout de même, de nos jours, ça présente des risques. Pensez à ce pauvre Rommel.

JUILLET

Eh ben oui, qu'est-ce que vous voulez, c'est embêtant, mais allez faire entendre raison à cet abruti de Plantin.

LAVESTE

Il n'y a rien à dire, les civils, c'est la mort de l'armée.

DUPONT

Il ne faut pas se dissimuler qu'en l'occurrence, Plantin prend de gros risques.

(1) Ajout manuscrit sur la première version :
... Il est en retard de cinq minutes sur mes pronostics... Je voulais vous faire la surprise. (*Il se lève et va à la porte.*)

JUILLET

Ah, vous me la baillez belle, tout le monde peut prendre de gros risques quand ce sont les risques des autres!

LAVESTE

C'est égal, nous n'avons pas de veine.

JUILLET

Je persiste à croire qu'Audubon nous tirera de là. En tout cas, mon cher Dupont, cette idée d'Archevêché, c'est habile.

DUPONT

Je vous remercie (1), mais je m'appelle Dupont d'Isigny.

LAVESTE

C'est habile, certes! Mais je ne peux pas m'empêcher de penser à Rommel. C'est maladif. Ça m'a beaucoup frappé à l'époque.

DUPONT

Mais c'est un traumatisme, ça! Écoutez, vous devriez voir mon médecin, il est excellent. Il m'a débarrassé de mes complexes en moins de rien.

AUDUBON (*revient*)

Il ne peut guère tarder.

(*A Dupont.*)

Comment, cher ami, vous aviez des complexes, vous, un soldat?

(1) Ajout manuscrit sur la première version :

DUPONT (*froid*)

Je vous remercie, mais Audubon l'avait eue aussi, donc ce n'est pas tellement habile, et en outre, je m'appelle Dupont d'Isigny.

DUPONT

Un complexe terrible. Figurez-vous que je devenais complètement neurasthénique. Oh, c'est bête, on se laisse influencer. Toujours est-il que je souffrais beaucoup de ma pédérastie.

AUDUBON

Ah oui? Ça vous faisait souffrir? Que voulez-vous dire par là (1)?

DUPONT

Eh bien, j'avais honte; je rougissais dans la rue, en regardant les garçons plombiers... oui toujours les plombiers. Pourquoi, dame? Allez chercher ce qui se cache au fond de l'âme d'un homme d'épée... Tâche insoluble, semblait-il. Néanmoins, mon médecin en est venu à bout et à ce jour, je suis complètement guéri.

JUILLET

Ah, tant mieux!

DUPONT

Oui, je n'ai absolument plus honte d'être pédéraste. Ça me paraît parfaitement normal.

(*Sonnette tonitruante.*)

LAVESTE

On a sonné!

AUDUBON

Merci! C'est Roland, sans doute! Je vais voir.

(*Il s'éloigne.*)

(1) Ajout manuscrit sur la première version :
(...) Que voulez-vous dire par là? Et où aviez-vous mal?

JUILLET

La vigueur de ce coup de sonnette a quelque chose de rassurant.

(*Voix d'Audubon qui engueule Robert.*)

VOIX D'AUDUBON

Mais enfin, imbécile, ce n'est pas le moment!

(*Il revient.*)

C'est ce crétin de Robert qui faisait marcher son réveille-matin.

LAVESTE

Quelle étrange idée.

(*A part.*)

Décidément, ils sont tous idiots dans cette maison.

(*On entend des coups énormes à la porte.*)

VOIX DE ROBERT

J'y vais, patron.

AUDUBON

Ah, cette fois, je ne me dérange plus.

SCÈNE IV

LES MÊMES, *entre* Mgr ROLAND TAPECUL.

ROLAND

Mais enfin, c'est un minus, ton valet de chambre!

AUDUBON (*se levant*)

Roland! Enfin... Permets-moi de te présenter mon grand quartier général. Général LENVERS DE LAVESTE, général JUILLET, général d'ISIGNY.

DUPONT

Général DUPONT d'ISIGNY, si ça ne vous fait rien...

AUDUBON

Général DUPONT d'ISIGNY, excusez-moi, cher ami... ou plus exactement Philippe Dupont d'Isigny.

JUILLET

Mais non, c'est moi, Philippe.

TOUS SE LEVANT

Honneur au courage malheureux

AUDUBON (*enchaîne*)

Et voici Monseigneur Roland Tapecul.

ROLAND (*très Texas*)

Appelez-moi Roland, les amis.

(*Il s'assied.*)

Qu'est-ce que vous buvez donc?

AUDUBON

Du pastis...

ROLAND

Parfait! La même chose pour moi (1).

(*Audubon le sert.*)

AUDUBON

Qui qu'en reveut? Allez, allez, ce n'est pas tous les jours fête!

(*Diverses mains se tendent.*)

ROLAND (*boit*)

Mmm! C'est exactement ce qu'il me fallait. Ce que Versailles peut être loin, c'est inimaginable.

JUILLET

Monseigneur! En voiture, cependant!

ROLAND

Oh, je vous en prie, pas de Monseigneur! Roland. Eh bien, en voiture, oui, mais le chauffeur de l'Archevêché conduit comme une savate.

LAVESTE

Qu'est-ce que vous avez comme voiture?

ROLAND

Oh, une Talbot, un gros machin... moi j'aurais préféré une quatre chevaux, mais ma crosse ne tient pas dedans. Vous savez, nous autres, on prend un peu ce qu'on nous offre.

JUILLET

En Talbot, Versailles, ça va assez vite.

(1) Ajout manuscrit sur la première version :
Parfait! La même chose pour moi. Un pastaga!

ROLAND

Je vous dis que mon chauffeur est un pauvre type. Il n'a jamais conduit que des bonnes sœurs. Il s'arrête à toutes les vieilles dames qui traversent (1).

DUPONT

Quoi qu'il en soit, vous voilà, et nous allons pouvoir discuter sérieusement.

AUDUBON

Oui, je t'ai demandé de venir parce que ces messieurs et moi, nous avons une... euh.. une petite affaire en train et nous aurions voulu ton avis.

ROLAND

Mais c'est me donner beaucoup trop d'importance, mes enfants... Vous êtes tout de même libres de vous passer de mon opinion?

AUDUBON

Il nous faut plus exactement ton accord. Oh, ne tournons pas autour du ciboire, voilà... Léon Plantin veut la guerre.

ROLAND

Oui, bien sûr tout le monde le sait. C'est sa manie.

AUDUBON

Mais il la veut pour de vrai, et tout de suite. Et naturellement, à moi la corvée.

ROLAND

Mon vieux, je suis sincèrement désolé pour toi...

(1) Ajout manuscrit sur la première version :
Il n'a jamais conduit que des bonnes sœurs. Dans les petites voitures noires, vous savez. (*Il imite le cheval.*) Ding! Ding!

AUDUBON

Seulement, comme j'ai l'intention de m'en tirer le plus proprement possible, je veux mettre des atouts dans mon jeu. Et c'est pour ça que je t'avais demandé de venir. En deux mots comme en dix, quelle est la position de Pie?...

JUILLET

Pi, 3,1416 comme d'habitude... Oh... Excusez-moi, un souvenir d'école (1).

ROLAND

La position de Pie? Enfin, la position de l'Église? Elle est très nette, comme d'habitude. Les éléments du problème sont les suivants. Il y a d'une part la bonne cause, d'autre part la mauvaise cause.

DUPONT

Ah, en effet, pour une fois, c'est parfaitement précis.

ROLAND

Notre thèse à nous, c'est que la bonne cause doit triompher.

LAVESTE

Ah, naturellement.

JUILLET

Oui, c'est remarquable.

AUDUBON

Mon cher, voilà qui résout le problème.

(*Un silence.*)

(1) Ajout manuscrit sur la première version :
(...) Un souvenir d'école. C'est idiot.

Hum. Mais... à quoi la reconnaît-on, la bonne cause?

ROLAND

A ce qu'elle triomphe, voyons!

JUILLET (*enthousiasmé*)

Oh! C'est sublime!

ROLAND

Mais attention!

(*Il boit.*)

L'expérience montre qu'il faut se garder de confondre un triomphe apparent avec un triomphe réel.

LAVESTE (*déçu*)

Mais alors... Le problème se pose de nouveau... Comment distingue-t-on ces deux catégories de triomphe?

ROLAND

Au pifomètre.

(*Il se touche le nez.*)

AUDUBON

Pardon?

ROLAND

C'est une question de nez. Ça se sent. On prend le vent.

AUDUBON

Ça semble quand même bien hasardeux.

ROLAND

On peut considérer qu'une attente de cinq ou six ans suffit à révéler le vainqueur véritable. A ce moment-là, même si on se trompe, on a toujours l'excuse de dire que les conditions ne sont plus les mêmes (1)

AUDUBON

Pour nous résumer, qu'en pensera Pie?

ROLAND

Je vais vous dire une chose : faites-là toujours votre guerre, et ça s'arrangera bien... Quoi qu'il arrive, au départ, moi je vous soutiens. Le cas échéant, il me désavoue... et alors? Ça ne m'empêchera pas d'être cardinal (2). L'Église n'est pas responsable des erreurs humaines...

AUDUBON

Roland, tu es un bon camarade. Je n'en attendais pas moins de toi.

ROLAND

Allez, allez, pas d'attendrissement. Donne-moi à boire, baderne.

AUDUBON

Écoute! Ne m'appelle pas comme ça, un moment tu es gentil comme tout et la minute d'après tu m'engueules..

ROLAND

Mais non, mais non, baderne, c'est absolument régulier, tu n'avais qu'à ne pas choisir ce métier-là.

AUDUBON

A bas la calotte, tiens...

(1) Ajout manuscrit sur la première version :
(...) Oh, et puis moi je ne suis pas spécialiste, hein, il fallait demander à Suhard.
(2) Ajout manuscrit sur la première version :
Ça ne m'empêchera pas d'être cardinal aussi (... etc).

ROLAND (*se marre*)

Ah, là, là, quelle cruche!

DUPONT (*à part*)

En vérité, il me fait peine (1).

ROLAND

Au lieu de te couvrir de ridicule, tu ferais mieux de penser à la guerre; vous devez avoir quelques détails à mettre au point, je suppose. Comment ça se présente?

AUDUBON

Comment quoi se présente?

ROLAND

Ah ben, tout... le deuxième bureau, alors, ça n'existe plus?

AUDUBON

Ça ne s'appelle plus comme ça, mais d'ailleurs, c'est Laveste qui dirige ce truc-là, il va pouvoir te répondre tout de suite

ROLAND (*à Laveste*)

Alors? Dans votre secteur?

LAVESTE

Oh, c'est calme, très calme; ça ne s'emballe pas.

ROLAND

Enfin, vous savez tout de même quelque chose! Qu'est-ce que vous pouvez nous dire?

(1) Ajout manuscrit sur la première version :

DUPONT (*à Roland*)

En vérité, il me fait peine.

LAVESTE

Des broutilles; tiens, vous saviez que l'amiral Floraline est cocu?

AUDUBON

Laveste! Si ma mère entrait... Modérez vos expressions...

LAVESTE

Excusez-moi... Je suis habitué aux termes techniques... mais avouez que c'est marrant.

ROLAND

Ah! oui, alors... Floraline... Oh, c'est trop drôle... D'habitude c'est lui qui cocufiait les autres. Mais allez, vous devez avoir appris autre chose que ça, avec vos effectifs. Est-ce que c'est vrai que c'est Plantin qui couche avec la fille de Molleton?

LAVESTE

Oui, mais ça, c'est archi-connu. C'est dans *Aux Écoutes.*

ROLAND

C'est un métier formidable, ça. Ce qu'on peut surprendre de secrets...

LAVESTE

Tout de même, vous aussi vous avez des facilités.

ROLAND

Oh, le confessionnal ce n'est pas pareil... nous, les gens viennent tout nous raconter exprès... ça n'a pas le charme du fruit défendu. Mais dites-moi, vous ne savez rien de plus? Et Bragoton? Qu'est-ce qu'il y a d'exact dans son histoire de mœurs?

LAVESTE

J'ignore. Vous savez, je fais mon travail le plus discrètement possible... ça me gêne un peu d'écouter toujours aux portes.

ROLAND

Oui, mais c'est si drôle. Et c'est inoffensif.

LAVESTE (*boudeur*)

Ça serait drôle si je le faisais moi-même — mais j'apprends toujours tout par personnes interposées.

AUDUBON

Hum... mes amis, je crois que nous perdons un peu de vue le sujet.

ROLAND

Allons, ne rougis pas, puceau...

AUDUBON

Roland, écoute!

DUPONT

Mais Roland veut plaisanter, voyons, Audubon.

(*A part.*)

Quelle misère!

AUDUBON

Mais non, il ne veut pas plaisanter, je le connais, il m'a toujours taquiné. Déjà à l'école, c'était comme ça. C'est un méchant.

JUILLET

Allons, allons, buvons un peu de pastis et ne nous disputons pas. Embrassez-vous et que tout soit dit.

AUDUBON

Ah, non, alors! je ne veux pas l'embrasser, celui-là!

ROLAND

Ce que tu es boudeur... Tête de cochon, va. Viens m'embrasser tout de suite.

AUDUBON (*boude, lippe*)

Non.

(*Il se lève et, la tête baissée, réticent, va vers Roland.*)

ROLAND

N'en parlons plus.

(*Il l'embrasse.*)

Tiens, baderne.

(*Audubon marmonne quelque chose d'indistinct.*)

Quoi?

AUDUBON (*même jeu*)

ROLAND (*horrifié*)

Oh!... Oh!... Eh ben, mes compliments! C'est du beau, Audubon...

AUDUBON (*vaguement satisfait va se rasseoir*)

Ça t'apprendra.

JUILLET

Qu'est-ce qu'il a dit?

ROLAND

Oh! Le cochon! Il a dit « va te faire mitre! »

DUPONT

Eh!... C'est assez bon!...

LAVESTE

C'est... acceptable...

AUDUBON (*triomphe*)

Ah! La nique, la nique!

ROLAND

Eh ben, vous êtes de beaux sagouins. Si je ne me retenais pas...

AUDUBON

Retiens-toi!... ma mère pourrait venir.

(*Il se redresse.*)

Mais je crois qu'il nous faudrait une petite récréation, j'ai l'impression que vous ne faites plus attention... Résumons-nous : tu marches avec nous?

ROLAND

Écoute, mon vieux, j'ai déjà répondu à ça. Nous marchons toujours avec vous. Quelle question!

AUDUBON

Eh bien, ça annule les difficultés. On pourra commencer à travailler sur les détails dès demain...

JUILLET (*se lève*)

Messieurs, il y a une chose capitale à régler.

(*Poing sur la table.*)

TOUS ENSEMBLE, ÉMUS

Quoi?
Vous m'avez fait peur.
Juillet, que se passe-t-il?

JUILLET

Qui va-t-on prendre avec nous pour nous patronner?

LAVESTE

Ah! Tiens!

DUPONT

Mais oui! C'est un problème, ça!

ROLAND

Tiens! Oui! C'est difficile! Voyons.

(*Il compte sur ses doigts.*)

Sainte Odile?

DUPONT

Non, sainte Odile, c'est usé.

ROLAND

Sainte Jeanne d'Arc?

LAVESTE

Ah, non, sainte Jeanne d'Arc, c'est cuit.

ROLAND

Eh ben... euh... saint Laurent?

JUILLET

Saint Laurent? Voyons! C'est grillé.

AUDUBON

Bon sang! J'ai trouvé! Ah, les amis, c'est formidable!

TOUS ENSEMBLE

Qui?
Quoi?
Qu'est-ce?

AUDUBON (*se lève*)

Saint Philippe!

TOUS (*se levant*)

Honneur au courage malheureux!

ROLAND

Saint Philippe? Voyons... hum... ça m'a l'air très bien, mais qu'est-ce qu'il a fait, encore, celui-là?

DUPONT

Voyons! Roland! Souvenez-vous.

ROLAND (*impatient*)

Oui, je sais bien, je sais bien, mais l'autre, le vrai?

JUILLET (*récite*)

Il y en a trois, d'abord. Saint Philippe l'apôtre qui est né à Bethsaïde, qui prêchait en Phrygie et qui est mort pendu par les pieds et crucifié en 80 pour s'être opposé au culte des serpents. On le fêtait le premier mai avant que le jour ne se trouvât consacré à l'institution regrettable d'un congé que nous subissons tous. Il y a saint Philippe, évêque d'Héraclée, condamné à être brûlé par le prêtre Sévère et le diacre Hermès à Andrinople en 304; 22 octobre. Il y a enfin saint Philippe le diacre qui, né à Césarée, baptisa l'eunuque de Candace, prêcha à Samarie et mourut en 70 avant Jicé. On le fête le 6 juin, notez!

LAVESTE

Le 6 juin! Ça, c'est un signe! Au fait, qu'est-ce qui s'est passé le 6 juin?

(*Il cherche, très absorbé et trouve.*)

Ah, c'est idiot. Je confondais avec la nuit du 4 août.

ROLAND (*à Juillet*)

Ben dites donc, vous êtes calé, vous! Lequel prend-on?

DUPONT

L'évêque d'Héraclée; on l'a brûlé, il est à l'épreuve du feu. On en fera le patron des lance-flammes.

AUDUBON

C'est très bien, Juillet, je vous ferai avoir le Nicham Iftikar.

JUILLET

Merci, j'en ai déjà onze... Non... Tenez, vous savez ce qui me ferait le plus plaisir... ce n'est pas que j'y crois tellement, mais quand même; Roland, est-ce que vous pourriez nous donner votre bénédiction?

ROLAND

Oh, écoutez... Je veux bien, mais il n'y a pas beaucoup de monde. Si on allait plutôt boire un coup à la Crosse en l'air? C'est un petit bar de Saint-Sulpice; on s'y retrouve tous après les grands tralalas.

AUDUBON

Non, non, ici... Une Bénédiction, et Robert va prendre une photo!

(*Il appelle.*)

Robert!

ROBERT

(*Il arrive.*)

Oui, voilà.

SCÈNE V

LES MÊMES, ROBERT.

AUDUBON

Robert, apporte ce qu'il faut, on prend une photo de bénédiction.

ROBERT

Bien, patron.

(*Il sort, rentrera avec du matériel, etc.*)

AUDUBON (*appelle*)

Amène la musique!

(*Aux autres.*)

Approchez-vous, on va se mettre ici.

(*Robert amène un harmonium.*)

Tenez, comme dans les anges musiciens de Cranach.

LAVESTE

Je pourrais jouer de la trompinette? Je suis très fort, à la trompinette!...

AUDUBON

Non, non, un chœur à capella.

(Il s'installe et prélude — Robert revient, dispose projecteurs, appareils — Tous prennent des poses avantageuses.)

Allez! Une, deux, trois!

CHŒUR

Sauvez, sauvez l'Europe
Au nom du Sacré-Cœur.

(Flash.)

ROBERT

Excellent! Une autre (1).

CHŒUR

Sauvez, sauvez l'Europe
Au nom du Sacré-Cœur.

DUPONT *(en extase)*

Ah, cette musique! Ça vous transporte!

(Paraît la mère d'Audubon — silence total.)

(1) Ajout manuscrit sur la première version :

ROBERT

Excellent! Une autre! levez le nez, mon général! Non pas vous! Dupont!

DUPONT

D'Isigny! Dupont d'Isigny, s. v. .

ROBERT

Taisez-vous! Comme ça! Musique!

CHŒURS

Sauvez, sauvez l'Europe. Au nom du Sacré-Cœur.

JUILLET *(en extase)*

Ah! cette musique ! (... etc.)

SCÈNE VI

LES MÊMES, *plus* Mme DE LA PÉTARDIÈRE.

MÈRE

Eh bien, eh bien, il me semble que la petite classe s'amuse!

(*A son fils.*)

Présente-moi donc tes camarades, Audubon.

AUDUBON

Oui, maman.

(*Il présente.*)

Vous connaissez Roland. Voici Georges, Michel et Philippe.

TOUS

Bonjour madame.

(*L'un après l'autre, ils vont baiser poliment la main de la mère.*)

MÈRE

Alors, il était bon, ce quatre-quarts?

DUPONT

Oh, oui, madame.

ROLAND

De première.

LAVESTE

Excellent.

JUILLET

Parfait, vraiment parfait.

MÈRE

Mais continuez à vous distraire, mes enfants. Qu'est-ce que vous faisiez donc?

AUDUBON

Eh bien... euh... on faisait de la musique, maman.

ROLAND

Excusez-moi, Madame.

(A Audubon.)

Tu sais, il va falloir que je m'en aille (1)...

DUPONT

Oui, moi aussi.

LAVESTE

Je dois rentrer également, ma femme est toute seule pour garder papa...

JUILLET

Je vous accompagne, il faut que je sois à l'Étoile à six heures.

AUDUBON

Oh! Vous partez tous?

(1) Ajout manuscrit sur la première version :
Tu sais il va falloir que je me barre.

MÈRE

Ce n'est pas moi qui vous fait fuir, au moins?

(*D'un ton tel qu'on sent qu'elle espère bien que si.*)

TOUS (*protestant*)

Absolument pas.
Mais non.
Voyons, madame.
Bien sûr...

(*Ils se dirigent vers elle et chacun lui dit au revoir poliment et avec gêne. Puis, plus gaiement, ils passent à Audubon. Roland, le dernier, donne une grande claque à Audubon.*)

ROLAND

Allez baderne, au revoir; à bientôt.

(*La mère se renfrogne, tous sortent.*)

AUDUBON

Robert! Veux-tu ouvrir?

(*Il sort un instant et revient. La mère a reniflé les verres.*)

SCÈNE VII

AUDUBON, SA MÈRE.

MÈRE

Alors, à quoi avez-vous joué?

AUDUBON

Oh, on a joué à des jeux, on a bavardé.

MÈRE

Audubon, vous avez encore bu du raki.

AUDUBON

Mère, je vous promets que non (1)!

MÈRE

J'ai senti votre verre.

AUDUBON

Mais ce n'est pas moi qui l'ai bu. Je n'ai absolument rien bu.

MÈRE

Je ne vous crois guère, mais passons. Il n'est pas étonnant que vous vous laissiez aller en compagnie de voyous comme ce Roland.

AUDUBON

C'est un camarade de classe, maman...

MÈRE

Je le regrette pour la réputation d'un lycée comme Janson de Sailly, qui avait jadis une autre allure... Je vous interdis de revoir ce garçon qui ne peut que vous nuire.

AUDUBON

C'est que... par mon métier, je suis forcé d'avoir certains contacts...

(1) Ajout manuscrit sur la première version :
Mère, je vous promets que non! C'est eux.

MÈRE

Comme avec cet ignoble Plantin! Je me demande ce que vous pouvez trouver à ces individus.

AUDUBON

Mais, maman...

MÈRE

Je parie que vous avez encore joué à la guerre.

(*Audubon baisse le nez.*)

J'en étais sûre. Qui a eu cette belle idée?

AUDUBON

C'est Plantin, maman. Et tout le monde était d'accord.

MÈRE

Naturellement. C'est un petit mal élevé, votre Plantin. Et avec qui allez-vous la faire cette guerre?

AUDUBON

Avec qui?

(*Il réalise.*)

Avec qui! Mais nom de Dieu! C'est vrai!

MÈRE (*cri d'horreur*)

Oh! Audubon! Mais vous perdez la tête (1)!

(*Il ne l'écoute pas et bondit vers le téléphone.*)

(1) Ajout manuscrit sur la première version :
Oh! Audubon! Jurer devant moi! Mais vous perdez la tête!

Oh! Vous aurez de mes nouvelles, mon fils!

(*Elle sort.*)

SCÈNE VIII

AUDUBON (*seul*)

Allô! Allô!

(*Il raccroche et recompose.*)

Allô! Zut! Zut! Allô! Allô! Léon Plantin, je vous prie! C'est personnel... Le général Audubon James Wilson de la Pétardière Frenouillou... oui... c'est personnel je vous dis! Sacré nom de Dieu voulez-vous me passer Plantin... Oui... Plantin... Comment? Mais je m'en doute que vous n'êtes pas Vilmorin-Andrieux, puisque je demande la Présidence du Conseil... Quoi? Des cercueils? Vous vendez des cercueils? Quel numéro êtes-vous, d'abord?

(*Silence.*)

Oh! merde!...

(*Il raccroche, grommelle.*)

Je suis trop nerveux. Allons...

(*Il compose lentement.*)

E... L... Y... zéro... zéro... un... neuf... Allô!... Élysées zéro zéro 19. Ouf. Ici le général Audubon James Wilson de la Pétardière. Allô?... De la Pétardière Frenouillou? oui, naturellement, vous n'allez tout de même pas me dire qu'il y en a un autre... Allô... Donnez-moi Léon Plantin... Le Président du Conseil... Quoi?... Il n'est plus Président du Conseil?... Ah, c'était une blague?... Eh bien mon ami, elle est idiote, votre blague... Allô... Plantin? Oui... Ici Audubon... Oui... Mon vieux, on a oublié quelque chose... Avec qui? Avec qui on va faire la guerre?... Quoi?... Je ne vous pose pas de questions saugrenues, je vous pose une question essentielle... Nous aurions pu y penser? Écoutez, nous, c'est notre affaire de faire la guerre, mais pas de choisir l'adversaire, il me semble que ça vous regarde... C'est bien vous qui avez le portefeuille des Affaires Étrangères... vous vous en foutez, oh, bien moi aussi... Bon... Il faut qu'on règle ça tout de suite... demain matin? D'accord... eh bien, prévenez Korkiloff, Jackson et Ching-Ping-Ting... à dix heures... d'accord... au revoir...

(*Il raccroche.*)

Ah, là là... quelle histoire... et ma mère qui va me faire la tête toute la soirée... quel métier... le jour où il ne restera que des militaires on sera tout de même autrement tranquilles... et il n'y aura plus de guerre...

(*Il appelle.*)

Maman!... Maman!...

(*Il sort en appelant toujours.*)

RIDEAU

ACTE II

Une salle de réunion, chez Plantin, derrière le rideau. Devant le rideau, une table, une chaise, un téléphone. La secrétaire de Plantin, Francine, y est installée. Robert, l'ordonnance d'Audubon, est assis sur la table et lui fait visiblement deux doigts de cour côté jardin.

SCÈNE I

FRANCINE, ROBERT.

FRANCINE

Vous aurez beau dire, vous ne me dégoûterez pas de Luis Mariano.

ROBERT

Je ne cherche pas à vous en dégoûter. Ça me laisse froid.

FRANCINE

Oh! Il chante tellement bien.

ROBERT

Pas de paroles, mais des actes.

(*Il passe à l'action.*)

FRANCINE

Allons! Voulez-vous finir! N'importe qui peut venir!

ROBERT (*la lâche*)

Naturellement, mais n'importe qui peut *ne pas* venir, aussi... c'est ça le charme du truc...

FRANCINE

Vous dites toujours des choses que personne ne comprend.

ROBERT

C'est pour ça... c'est parce que je suis idiot en paroles que je préfère passer aux actes.

(*Il l'embrasse, apparaît le général Korkiloff, extrêmement russe d'aspect.*)

SCÈNE II

FRANCINE, ROBERT, KORKILOFF.

KORKILOFF (*toussant discrètement*)

Excusez grandement! Le camarade Léon Plantin, il est là, voui?

FRANCINE

Il arrive tout de suite, monsieur, si vous voulez passer par là, il va vous rejoindre tout de suite...

(*Elle l'introduit et referme la porte. Korkiloff disparaît.*)

Il m'a fait peur, celui-là...

ROBERT

C'est le général Korkiloff.

FRANCINE

Il m'a fait peur quand même.

ROBERT (*rêveur*)

Il a un bel uniforme...

FRANCINE

Il vous irait mieux qu'à lui!

ROBERT (*flatté*)

Hé! Peut-être bien...

(*Nouveau coup. Entre Jackson, accent américain.*)

SCÈNE III

JACKSON, FRANCINE, ROBERT.

JACKSON

Oh! Désolé! Est-ce que Léon Plantin est là? Il m'a prié de passer ce matin.

FRANCINE

Mais oui, monsieur... euh... mon général... please... par ici...

(*Elle le conduit.*)

Very well! Par ici!...

JACKSON

Merci bien...

(*Francine est revenue à sa table et travaille — brève attente — entre Ching, même jeu — le rideau se lève sur la table de réunion.*)

SCÈNE IV

KORKILOFF, JACKSON, CHING.

KORKILOFF

Camarade Ching! Très heureux de vous voir.

JACKSON

Mais c'est Ching! Eh bien, c'est une surprise. On vous rencontre donc chez Plantin.

CHING (*aux deux*)

Je m'appelle Ching-Ping-Ting, si ça ne vous fait rien...

JACKSON

Oh! Désolé!...

KORKILOFF

Mille regrets, camarade...

CHING

Ce n'est rien, je vous prie humblement d'excuser cette petite manie. Mais je ne suis pas moins étonné que vous (1), Général Korkiloff! Quelle bonne mine! Cher Jackson, vous êtes comme toujours resplendissant.

(*Serrage de mains.*)

Au fait, vous vous connaissez? Korkiloff, Jackson.

(*Serrage de Korkiloff et Jackson.*)

KORKILOFF

Je crois, nous avons hélas déjà rencontré dans ambassade Saint-Marin.

JACKSON

Saint-Marin ou Andorre?

KORKILOFF

Je ne sais plus, nitchevo, une ambassade vaut une autre. Et les Américains, il y en a partout.

CHING

Je suis heureux que ma très humble personne ait été le trait d'union de deux héros.

KORKILOFF

Héros! Vous exagérez.

JACKSON

Oui, c'est trop, Ching... après tout, le général Korkiloff n'a rien d'un héros.

KORKILOFF

Ah, là, là, vous êtes très malin, vous, voï, c'est le plan Marshall qui vous fournit astuces?

(1) Ajout manuscrit sur la première version :
Mais je ne suis pas moins étonné que vous de vous voir général Korkiloff! (... etc.)

JACKSON

Allons, allons, un peu d'humour, camarade.

KORKILOFF

Humour! D'abord, humour, c'est ingénieur Boblitchkine qui a inventé en 1713 à Moscou. C'est scientifiquement prouvé.

CHING

Mes amis, mes amis, ne laissez pas vos langues vous entraîner au-delà de votre pensée.

KORKILOFF

Comme si ça pensait, Américain.

CHING

Malheureusement oui. Mais si nous parlions un peu de ce qui nous amène ici; car je suppose qu'on nous a convoqués pour quelque chose! J'ai personnellement reçu un avis exprès de mon ambassade me mandant de me tenir à la disposition de Léon Plantin pour une conférence urgente

KORKILOFF

Moi aussi.

JACKSON

Moi aussi.

CHING

Une conférence sur quoi, à votre avis?

KORKILOFF

Hum...

JACKSON

Euh...

CHING

Hem... Je vois, naturellement, nous sommes arrivés aux mêmes conclusions. Et vous vous rendez compte des difficultés de ce projet?

KORKILOFF

Avec grande précision.

JACKSON

Très nettement.

CHING

Eh bien, vous êtes plus avancés que moi, parce que je me demande vraiment ce que nous veut Plantin.

KORKILOFF

J'allais le dire, voui, voui.

JACKSON

Vous ne nous laissez rien, Ching... Vous nous trayez les mots de la bouche.

CHING

Évidemment, je suis mal placé pour deviner ce qui se passe dans l'âme pleine de mystère d'un Occidental comme Plantin...

KORKILOFF

D'ailleurs, Franzouski savent jamais ce qu'ils veulent. Et c'est Russes qui ont inventé automobile.

JACKSON

Et ils n'ont pas de salles de bains dans les hôtels.

(*Francine introduit Audubon.*)

SCÈNE V

AUDUBON, LES MÊMES.

AUDUBON

Messieurs...

(*Tous s'inclinent gravement.*)

Léon Plantin n'est pas là?

CHING

Nous l'attendons.

AUDUBON

Ces civils n'ont aucun sens de l'exactitude...

KORKILOFF

Très juste, voui, voui.

JACKSON

Oh, il est à peine l'heure...

AUDUBON

Ils n'ont aucune discipline.

JACKSON

Ce sont des civils, ils en ont moins besoin.

AUDUBON

Vous n'allez pas les défendre, tout de même?

KORKILOFF

C'est ça, côté assommant généraux américains, c'est côté civil.

AUDUBON

Ils n'ont pas cette tradition séculaire qui fait l'orgueil des cadres uniques que nous avons en Europe...

CHING

Permettez... (1) nous nous battons également depuis assez longtemps en Asie.

AUDUBON

Certes, certes!... Je n'avais nullement l'intention... et puis vous avez inventé la poudre!

KORKILOFF

Pas vrai! C'est le pope Schwartzki au Moyen Age... un stakhanoviste.

JACKSON

Bon, bon, eh bien, civil ou pas, cette fois Plantin est en retard, d'accord. Mais dites-nous, cher Audubon, vous sauriez peut-être pourquoi on nous réunit?

CHING (*à Korkiloff*)

Ça, c'est leur côté pratique, c'est ce qu'ils ont de bon.

AUDUBON

C'est que... le secret militaire...

(1) Ajout manuscrit sur la première version :
Permettez... Je m'excuse très profondément, mais nous nous battons également depuis assez longtemps en Asie.

KORKILOFF

Ah, bon, alors s'il s'agit de guerre? D'habitude, on convoque pour tellement de choses... vernissages, zakouski... mannequins (1)...

AUDUBON

Il s'agit de guerre dans une certaine mesure... mais ça n'a pas très grande importance; ce qui compte surtout, c'est ceci, à quoi j'ai beaucoup pensé, voilà : ne croyez-vous pas qu'il y aurait intérêt avant qu'il ne soit trop tard à faire voter une loi internationale stipulant qu'en cas d'inculpation de crimes de guerre, tout général accusé sera jugé par ses pairs?

JACKSON

Écoutez, à Nuremberg, les généraux n'ont pas beaucoup écopé...

AUDUBON

N'importe, la possibilité même d'être jugés par des civils, c'est embêtant (2)...

CHING

Votre projet pourrait présenter quelque intérêt.

AUDUBON

Soutenez-moi, si jamais la question vient sur le tapis.

(1) Ajout manuscrit sur la première version :
Ah, bon, alors il s'agit de guerre? D'habitude on convoque pour tellement les choses... les vernissages, les zakouski... impossible deviner...
(2) Ajout manuscrit sur la première version :
N'importe, la seule possibilité d'être jugé par des civils, c'est déjà embêtant...

SCÈNE VI

PLANTIN, FRANCINE.

(*Plantin entre chez sa secrétaire*).

PLANTIN

Bonjour, mes enfants...

(*Il paraît très pressé.*)

Francine, tout est prêt?

FRANCINE

Ces messieurs sont là, monsieur Plantin.

PLANTIN

Comment! Déjà!

(*Il regarde sa montre.*)

C'est vrai que je suis très en retard. Ils sont tous là?

FRANCINE

Il y en a quatre, monsieur Plantin... tous des généraux, je crois...

PLANTIN

C'est bien ça... il n'y en a que quatre, vous êtes sûre?

FRANCINE

Oui, monsieur Plantin... Du moins, il en est entré quatre...

PLANTIN

Oh, ça ne se reproduit pas si vite... Dites-moi quel est le pluriel de un général?

FRANCINE

Je ne sais pas moi... des généraux?

PLANTIN

Dégénérés. Un général, dégénérés. C'est comme pour les maréchaux : un maréchal, des maraîchers.

(*Il s'esclaffe.*)

C'est idiot, hein?

FRANCINE

Oui, monsieur Plantin. Oh! Pardon, monsieur Plantin... Je veux dire...

PLANTIN

Prenez le registre spécial et venez.

(*Ils rejoignent les généraux.*)

SCÈNE VII

PLANTIN, FRANCINE, LES QUATRE GÉNÉRAUX.

PLANTIN

Eh bien! Tout le monde est là! Parfait! Messieurs, la République Française vous salue. Qu'est-ce que vous buvez?

(*Francine ouvre son gros bouquin qui fait cave à liqueurs.*)

Cognac, pastis, beaujolais?

(*Il a serré les mains.*)

KORKILOFF, CHING, JACKSON

Beaujolais!

AUDUBON

Vous n'avez pas de vodka-cola?

PLANTIN

Audubon, vous boirez du beaujolais, comme tout le monde.

(*A la secrétaire.*)

Une bouteille et cinq verres, Francine.

(*Il désigne des sièges.*)

Asseyez-vous donc... Audubon, voulez-vous exposer à ces messieurs le but de notre réunion?

AUDUBON

Écoutez, vous savez vous-même de quoi il s'agit; si vous leur expliquiez.

LÉON

Audubon, c'est un ordre.

AUDUBON

Vous me couvrez?

LÉON

Je vous couvre.

AUDUBON

Bon. Eh bien alors signez-moi un papier.

LÉON

Comment ça, un papier?

AUDUBON

Vous avez lu les Trois Mousquetaires?

LÉON

Je ne peux pas gouverner la France et lire.

AUDUBON

Justement, comme vous ne gouvernez rien du tout, vous avez amplement le temps de lire.

LÉON

Audubon, ne soyez pas fielleux.

(*Aux autres.*)

Excusez, messieurs, ce léger incident, mais vous savez, cet imbécile-là est dur à mener.

KORKILOFF

Mais je vous en prie...

CHING

Faites donc...

JACKSON

Peut-on avoir un peu plus de beaujolais ? Moitié beaujolais, moitié lait condensé, si vous avez ?

(*la secrétaire, horrifiée, s'empresse.*)

AUDUBON

Eh bien, lisez les Trois Mousquetaires. Ou plutôt non. je vais vous dicter. Prenez un papier.

LÉON

Francine...

(*Elle prend un papier et un crayon.*)

AUDUBON

« C'est par mon ordre et pour le bien de l'État que le porteur du présent a fait ce qu'il a fait; signé : Léon Plantin. » Tapez ça en deux exemplaires.

LÉON

C'est dans les Trois Mousquetaires, ça?

AUDUBON

Oui.

LÉON

Francine : notez de m'acheter les Trois Mousquetaires.

(*A Audubon*).

Et il y a beaucoup de trucs comme ça, dans les Trois Mousquetaires?

AUDUBON

Oui; tout du long.

LÉON

Mais c'est formidable!

JACKSON

Ah, c'est un livre merveilleux.

LÉON

Vous l'avez lu?

JACKSON

Oui, naturellement, avec des sous-titres.

LÉON (*à Korkiloff et à Ching*)

Et vous?

ENSEMBLE

Certes!

(*Francine tape.*)

KORKILOFF

Grand-mère Alexandre Dumas était russe. J'ai tout lu.

LÉON

Ah! Alors, je suis le seul. Pas étonnant que la France soit toujours roulée dans les conversations diplomatiques.

AUDUBON

Vous me le signez, ce papier?

LÉON

Je suis fier de signer un texte aussi étonnant.

AUDUBON

Bon, et maintenant, donnez-moi du beaujolais. Comme ça, si je rentre saoul, je pourrai toujours montrer le papier à ma mère.

LÉON

Excellente idée.

(*Il lui verse à boire.*)

Et maintenant, exposez le problème à ces messieurs.

AUDUBON (*se lève*)

Messieurs, c'est la guerre!

(*Tous se lèvent.*)

KORKILOFF

Ça vous prend souvent?

CHING

Pas avec tous les trois, tout de même.

AUDUBON (*se rassied*)

Messieurs, rasseyez-vous, je vous en prie, vous avez mal saisi ma pensée.

LÉON

Mais vous expliquez comme un con, aussi.

AUDUBON

Ah, expliquez-le donc vous!...

LÉON

Écoutez, Wilson, vous êtes impossible. La prochaine fois, je passe le commandement du G. Q. G. à Dupont.

AUDUBON

Ah, non! Pas cette sale tante!

LÉON

Alors, expliquez bien!

AUDUBON

Eh bien, messieurs, à la base... euh... se pose le problème de la conjoncture économique actuelle. Euh... c'est... crucial. En un mot : Travail, Famille, Patrie, Honneur au Soldat inconnu et aux morts du Mont Valérien et tous unis derrière le drapeau tricolore.

(*Il se relève.*)

Messieurs, c'est la guerre.

LÉON

Ah, Audubon, vous êtes exaspérant.

AUDUBON

Je vous ai dit que je ne savais pas expliquer.

LÉON

Bon... alors, asseyez-vous. Je m'en charge.
Eh bien, messieurs, il se trouve que la France, ses industriels et ses agriculteurs, pris à la gorge par une situation implacable, se voient dans l'obligation de recourir à la guerre pour résorber une surproduction gênante. J'ai donc donné mission au général Wilson de la Pétardière, chef de mon G. Q. G. ici présent, de prendre toutes mesures utiles. Et ce crétin a réglé tous les détails sans se demander avec qui nous allions faire cette guerre. C'est pourquoi j'ai pris la liberté de vous convoquer afin de vous poser franchement la question : y en a-t-il un qui veuille la faire avec nous?

CHING

Ah, pas moi. C'est trop loin.

KORKILOFF

Niet... Vous savez que nous avons engagements antérieurs!

JACKSON (*désigne Korkiloff*)

Oui... enfin, tous les deux, on est déjà d'accord.

LÉON

Messieurs, depuis trop longtemps la France joue un rôle de second plan en politique internationale. Vous comprenez bien qu'avec un passé historique comme le nôtre, il ne nous est guère possible d'attendre que vous vous décidiez. Nous nous devons, dans ce domaine comme dans celui de la cuisine, de la couture, du champagne ou des parfums, de rester à la tête de la civilisation et de prendre l'initiative en question. Je répète : avec qui?

AUDUBON

Un peu plus de beaujolais, Plantin, je vous prie.

(*Francine le sert.*)

KORKILOFF

Ah, écoutez, moi ça m'intéresse pas.

JACKSON

Nous ne sommes pas prêts.

CHING

Ce n'est pas possible (1). Vous êtes trop loin. Prenez-en un autre.

LÉON

Réfléchissez, voyons...

KORKILOFF

Vous ne pouvez pas trouver pays comme Venezuela, je ne sais pas moi. Ou Terre de feu.

(1) Ajout manuscrit sur la première version :
Ce n'est pas possible. Ce serait avec un extrême plaisir. Mais vous êtes trop loin. Prenez en un autre.

AUDUBON

Monsieur! Pourquoi pas la Principauté de Monaco! Et notre prestige!

CHING

Et l'Angleterre?

LÉON

Malheureusement, ce n'est pas réalisable. Une néfaste politique d'entente a éliminé cette éventualité depuis des années.

AUDUBON

On pourrait peut-être évoquer Jeanne d'Arc? Ou Fachoda?

LÉON

Fachoda? Pfff... Pourquoi pas Mers-el-Kébir, alors? Non. Ça ne va pas (1).

KORKILOFF

L'Italie?

LÉON

Il faut tout de même être deux pour se battre.

JACKSON

Écoutez, en tout cas, nous, ça ne va pas. Nos types ne marcheront pas pour revenir en France. On les a trop estampés en 44. Et puis tous les Français sont des mécréants.

(1) Ajout manuscrit sur la première version :
(...) Non. Ça ne va pas. Et on aura tous les hôteliers de la Côte-d'Azur sur le dos.

LÉON

Ah zut... alors c'est sans issue.

CHING

Sans issue? Vous me faites rire, très honorable Plantin. Et l'Afrique.?

LÉON

Quoi, l'Afrique?

CHING

Déclarez donc la guerre au Maroc et à l'Algérie! Vous êtes une nation assez glorieuse pour vous débrouiller vous-mêmes! Un territoire aussi con idérable.

LÉON *(regarde Audubon)*

Mais il a raison!

AUDUBON

Il a raison!

LÉON

Mais c'est formidable!

AUDUBON

C'est formidable!

CHING

Et il me vient même une très modeste idée supplémentaire...

AUDUBON

Ah, nous vous en prions, Ching!

CHING (*s'incline*)

Ching-Ping-Ting, si ce n'est pas trop vous demander.

LÉON

Parlez, parlez, Ching-Ping-Ting-Ling-Ding!...

CHING

Eh bien à ce moment-là, si c'est en Afrique, mon très humble pays ne demandera pas mieux que d'être dans le coup... Nous enverrons une division.

KORKILOFF

D'accord, moi aussi!

JACKSON

Excellent! J'y pense!... On peut vous envoyer tout un contingent de troupes noires! Ne vous arrêtez pas à l'Algérie et au Maroc!... Toute l'Afrique... et ça résout automatiquement le problème racial... On vous envoie les nôtres, ils anéantissent les vôtres et ils restent à leur place... Enfin, les survivants...

LÉON

Hum... Eh bien ça me paraît assez génial.

AUDUBON

Mais oui! Mais oui!

(*Il se surexcite lui-même.*)

La bataille! Le carnage! La guerre! L'infanterie! Ping! Ping! Ah!... du beaujolais, Plantin...

LÉON (*se lève*)

Messieurs! Au nom du gouvernement de la République, j'ai l'honneur de vous remercier du précieux concours que vous venez d'apporter à la solution d'un grave problème d'intérêt national. Général Ching-Ping-Ting, j'aurai le grand plaisir de vous proposer pour la grand-croix de la Légion d'honneur.

CHING

On m'a fait le grand honneur de me la donner cinq fois... mais enfin, je veux bien... toujours avec le même plaisir.

LÉON

Francine!... Vous pouvez taper la proclamation numéro trois en stencil; vous complétez les blancs... en y mettant les noirs.

AUDUBON (*ravi de l'astuce*)

Oh! Extrêmement ingénieux!

FRANCINE (*effondrée*)

Oui, monsieur Plantin.

KORKILOFF (*à Jackson*) (1)

On va voir sortir enfin votre dernier modèle de char.

JACKSON

Oui... Oh, ça va être très commode pour essayer votre 205 rapide. Ching a eu une très bonne idée. Un peu de propagande et ça ira tout seul...

KORKILOFF

Hum. Propagande. Voui. Certainement. Mais sur quoi basez-vous la vôtre?

(1) Ajout manuscrit sur la première version :
KORKILOFF (*très aimable à Jackson*)

JACKSON

Un truc qui marche toujours très bien, sur la médecine perfectionnée.

(*Il déclame.*)

« De nos jours, les blessés ne meurent plus. »

KORKILOFF

Ça, c'est encore histoire pour civils. En Russie ça ne prendrait pas. Vous n'avez jamais vu militaires proposer aux gens de les guérir, chez nous.

CHING

Et puis scientifiquement, puis-je faire très humblement observer qu'au fond, réparer un soldat sur le champ de bataille, ça fait un mutilé, que l'on doit pensionner, qui revient cher, et qui est désagréable à voir, donc qui constitue une mauvaise propagande. Je trouve, comme l'a si habilement remarqué mon digne ami Korkiloff, qu'il vaut mieux développer la médecine civile; un civil réparé veut être soldat pour prouver qu'il est sain. C'est excellent.

PLANTIN

Tout ça, c'est du détail. L'essentiel est fixé. Nous sommes l'accord?

KORKILOFF

Voï.

JACKSON

Hoquet.

CHING

D'accord, très honorable Plantin.

PLANTIN

Alors on va signer un petit compromis... Francine...

(*Elle arrive*)

Mon petit... apportez-moi ce qu'il faut... vous savez...

FRANCINE

Tout de suite, monsieur.

AUDUBON

Comment... vous aviez prévu le déroulement des événements avec ce degré de précision? Ah! Ça, Plantin, c'est fort! C'est extrêmement fort!

(*Aux autres.*)

Il est extrêmement fort! Nous sommes extrêmement forts!

(*Il lève son verre.*)

Eh bien buvons, mes amis, buvons au Salut de l'Empire et à ceux qui vont mourir et à l'heureuse issue de l'aventure et au grain de beauté de la petite Francine! Buvons! Buvons!

(*Tous se lèvent et choquent leur verre.*)

Messieurs, j'ai le plaisir de vous annoncer que Plantin nous emmène tous déjeuner à la Tour d'Argent!

PLANTIN (*à Audubon, bas*)

Mais je n'ai pas dit un mot de ça, voyons, vous allez me mettre sur la paille!

AUDUBON (*même jeu*)

Vous vous voterez des frais de secrétariat exceptionnels!

(*Il se lève.*)

Allons! A vos rangs, fixe!

(*Ils se mettent en rang et sortent en filent indienne. Audubon en serre-file, fredonnant.*)

La tour, prends garde
La tour, prends garde...

RIDEAU

'An empty building at night,' she said, 'it's somewhere they can meet without being seen. Maybe it wasn't safe to meet anywhere else.'

'You're saying the other one is somebody I know?'

'Yes.'

'A teacher?'

'Probably.'

'All right,' he said, 'what about this?' He was trying to visualize it the way she had described it. 'Why is Martin the one who comes down to see who I am? If the other one is somebody I know, why doesn't he come down and say, "Hello, George, what are you doing here at this time of night?" while Martin escapes? Why doesn't he do that? He could think up some reason for being there.'

'I don't know.' She had a long drink of her whisky and sat quiet for a while. 'Well, there's one explanation,' she said, 'but if it's the Daisy murder they're involved in, it's so horrible I don't even want to think about it.'

The next day when George got up – late, as he had predicted – Audrey had the television news on.

'There's been nothing,' she said. 'Not a word all day.'

There was nothing on the television or in the evening papers about any developments in the Daisy Beale case. There was nothing to suggest that anything out of the ordinary had happened at Weston Secondary during the night.

George rang the police. He was put in touch with somebody who described himself as an information officer who was unable to confirm or deny that an arrest had been made in connection with either the Daisy Beale murder or the assault on George. The assault was under investigation. Yes, George's messages had been passed on to Mr Rosewall. No, Mr Rosewall was not available but he would be in touch in due course.

The following day it was the same story. There was no news of an arrest. The police could neither confirm nor deny anything at all. George was going up the wall.

It was Wednesday afternoon when Audrey answered the door and found Rosewall standing outside, looking decidedly pleased with himself.

'If you haven't made an arrest,' she said, 'don't bother coming in.'

'We've made two, actually.'

'Oh, you lovely man,' she said.

'Have you got him?' George said, as soon as Rosewall was inside the house.

'Stephen Martin was arrested in the early hours of Monday morning,' said Rosewall, 'and charged with the murder of Daisy Beale. It'll be in the papers this evening, but I thought you were entitled to an explanation. He was trying to get back to his flat, we think. He had evidence to destroy. He didn't put up much of a fight. He was in no condition to. You did quite a job on him.'

'He did quite a job on me,' George said. When he had woken up, he had wondered whether his head or his foot would hurt first. They both hurt together.

'He was already a suspect,' Rosewall said, settling himself into an armchair. 'His van was in the lanes the morning Daisy disappeared. I found out a few things about him on Sunday. We were going to bring him in again anyway.'

'He was the one at the railway station.'

'Unfortunately, we didn't know about that. The transport police never gave us a name. We might have got to him a bit sooner.'

'You said he was arrested on Monday morning,' Audrey said. 'This is Wednesday.'

'As I told you, there was another arrest to be made. We got nothing out of Martin and we didn't have the evidence until today.'

'Who?' she said.

'The thing we could never understand,' said Rosewall, sitting back in his chair and taking his time, 'was how that little girl could be taken away from the lanes in the middle of the day and nobody saw anything.' He looked at George and then at Audrey. 'We know now that she wasn't abducted in the lanes at all. She did exactly what she was supposed to do. She came out of the lanes into Sefton Road, she went to the first house, she rang the door bell and she was admitted.'

'Val's house?' said George.

'The woman you know as Valerie Kellett,' said Rosewall, 'is Stephen Martin's sister.'

When the police had come for her that morning, Val had been on the top floor of the house standing by the window that overlooked the garden. She had heard nothing from Leslie for two days. Either he was lying low somewhere or the police had him. They had agreed that if something like this happened she would not try to contact him. That way, she would be safe. Nobody could connect them. She knew he would never give her away. He would protect her as she would have protected him. That was what their whole lives had been about, protecting each other.

She had been standing at this window on the morning that she had seen the child coming along the lane and realized that she was alone. She had known that if she stayed close to the mother, one day this would happen. She knew what to do. She had made her preparations.

She went downstairs. The door bell chimed once, then again and again. She opened the door. The child was standing outside, reaching up with her finger on the bell.

'Come in,' Val said, 'quickly.' She looked up and down the street. There was no one about, no one in the street, no one in the gardens. The child came into the house. Val closed the door.

'Where's Mummy?' she said.

'Shopping.'

'You came on your own?'

'Just along the lane.'

She had perhaps half an hour. It was enough.

'I've got you a birthday present,' Val said. 'Would you like to see?'

The child was standing in the doorway of the living-room, looking at her dress draped over the tailor's dummy. She looked at Val, smiled and nodded her head.

'It's upstairs. Come on up.'

Val took her upstairs to the back room on the third floor of the house, the one with the wardrobe in.

'Close your eyes,' she said, when they were inside the room, 'and hold out your hands.'

The child stood in the middle of the room with her eyes squeezed shut and her hands held out in front of her. Val went to the chest, opened the top drawer and took out the things she needed. There was a roll of tape, a pair of scissors and two pieces of rope. She placed them on top of the chest, then put the rope in her pocket and cut off a length of tape. The child was still standing there with her eyes shut and her hands out.

When Val taped the mouth, the eyes shot wide open. She grabbed the child's wrists, twisted the arms behind her back and tied them with one of the pieces of rope. The child was struggling but Val had a firm grip on her. When the arms were tied, she pushed the child down on to the floor. Her legs were kicking as she tried to stand up, but Val managed to get hold of the ankles and tie them together with the other piece of rope.

The child was lying squirming on the floor with her eyes wide open, staring. Val went back to the chest and cut off another piece of tape. The child had wriggled a few inches across the floor. Val knelt beside her and taped over the eyes.

When she had finished, she looked at the child lying on the floor to see if there was anything else she should do. She cut off two more pieces of tape and taped over the knots in the ropes that held the hands and feet, just to be safe.

She opened the wardrobe door. The wardrobe was partitioned down the middle into two sections. On one side there were shelves in the top half and an empty space below. She pulled the child across the floor and pushed her into the space in the bottom of the wardrobe. There was enough room for her to sit with her knees bent but not to stand up. Val closed the door and turned the key. She went out of the room and shut the door behind her.

When she got downstairs she lit a cigarette and stood smoking it for a few moments, then she telephoned Leslie and told him that it was done and to be ready to bring the van. She had no sooner put down the phone than the door bell chimed. She went into the living-room and looked out of the window. It was Cathy from next door. Cathy must have seen the curtain move because she smiled. Val went and opened the front door . . .

The door bell chimed. Val turned away from the window, went downstairs and opened the door. This morning it wasn't Cathy. It was the police.

22

'It was under our noses all the time,' said Rosewall, 'if we'd known what we were looking for. Mrs Pelham complained that when Kellett phoned to report Daisy missing, it took us half an hour to respond. It didn't seem very significant and nobody followed it up. People always complain about response times. In a crisis, people often get times wrong. We thought she'd just made a mistake.'

Audrey had made coffee. She was sitting on the sofa beside George, who had his foot up on the table. Rosewall was settled in his armchair.

'I've talked to Mrs Pelham again,' he said. 'She's absolutely clear that Sarah Beale, the mother, arrived at the house at half-past ten or a little after. Mrs Pelham and Miss Beale left the house at about ten forty to drive to Miss Beale's house and Kellett was on the phone as they went out of the door. Now, I've checked our log. Kellett's call was logged at five past eleven. There's no mistake about that. Mrs Pelham called us from Miss Beale's house five minutes later. If Kellett was on the phone at ten forty, she wasn't phoning us.'

'But the Pelham woman was there,' said Audrey. 'She was there in the house all the time. She told me.'

'She wasn't there until ten fifteen,' said Rosewall. 'Between ten and a quarter past there were only two people in that house, Kellett and Daisy. We've worked out a timetable. Given what we know, it's the only way they could have done it. We think Stephen Martin had seen Daisy. He lived quite close. We think she'd been the intended victim for some time. Kellett's job was to provide him with the child. She went out of her way to make friends with the mother.'

'This is horrible,' George said. 'I've known Val for years.'

'You don't know the first thing about her, I'm afraid,' said Rosewall. 'Now, Daisy arrives at the house at about ten. The mother's gone shopping. Kellett sees her chance. By the time Mrs Pelham arrives at a quarter past, Daisy is out of sight somewhere. Mrs Pelham arrives for a chat and a cup of coffee. That wasn't supposed to happen, of course.'

'She was practically caught in the act of abducting a child,' said Audrey. 'She must have been frantic.'

'I don't think she's capable of being frantic,' said Rosewall. 'Mrs Pelham described her as being in a filthy mood. That's probably quite something for her. I've been interviewing her all morning. She thinks very quickly and except where the brother's concerned she's as cold-blooded as a snake. I've seen murderers of every kind and she scares me, I can tell you.'

'I've known her for years,' George said. 'She's very ordinary. I quite liked her.'

'She's a complete psychopath in my book,' said Rosewall. 'Anyway, we know she had Daisy somewhere in the house and we think she phoned the brother to tell him what she'd done and tell him to get ready. Otherwise, they wouldn't have had time. Mrs Pelham arrives at ten fifteen and Kellett calmly makes her a cup of coffee. Miss Beale gets there at half-past. No Daisy. Kellett claims never to have seen her. All hell breaks loose. At ten forty Mrs Pelham and Miss Beale leave the house. Kellett is on the phone again. Not to us. She tells the brother the coast is clear and to bring the van into the lanes.'

He paused for a moment, leaned forward and drank some coffee and then sat back in his chair.

'Martin is ready to leave his flat as soon as he gets the second call. It's not far, just across the main road. The van enters the lanes at ten fifty. We know that for a fact. There's a gate in the back wall of the garden. Martin goes in and they bring Daisy out, down the garden and out through the gate into the van. Martin drives out of the lanes at two minutes past eleven. Kellett gives him a few minutes to get clear, then she phones us. By the time we arrived, Daisy was long gone.'

'And nobody noticed the phone call was nearly half an hour late,' said Audrey.

'Only Mrs Pelham,' said Rosewall, 'and I'm afraid nobody took any notice of her.'

Audrey stood up and walked across the room to the fireplace. She turned and looked at George.

'I thought it could be a woman,' she said. 'I told you I'd thought of something horrible. She was in the school with him that night.'

'We don't know that,' said Rosewall.

'I do,' she said. 'You remember, darling, I told you there had to be two of them there and you'd know one of them. And you asked me why he'd put himself at risk to let the other one escape. I thought he might be protecting a woman. He was protecting his sister.'

'We don't know whether she was in the school with him,' said Rosewall. 'Neither of them will say anything that might incriminate the other.'

'She was there,' Audrey said. 'They needed to meet.'

'Well,' said Rosewall, 'that's possible. We had him in on the Sunday afternoon. We must have frightened him. They wouldn't risk meeting at his flat if he knew we were interested in him. Maybe not at her house either. She's got a boyfriend who's always going round there. We've talked to him. We don't think he's involved.'

'How did you get on to her?' George said.

'We knew Martin was adopted. The father abused him and he was taken into care and then adopted. His new parents said they thought he had a brother. They got it wrong. It was all a long time ago and these were things they never talked about, things they wanted to forget. I got the file on the case yesterday and found there wasn't a brother, there was a sister. She was adopted too. Family called Kellett. They were separated and somehow they found each other again.'

'She must have known about the Pelham boy,' said George. 'She must have known what he was saying about me.'

'Yes,' said Rosewall, 'I found that out yesterday too. The mother told her and then forgot about it. Oh, by the way, we found some photos in Martin's flat of a kind I think you're familiar with. You're in the clear there.'

'And the Pelham boy?'

'I'll be talking to young Master Pelham again. If he's been making up stories, we'll find out.'

'What sort of evidence have you got against them?' said Audrey.

'There'll be enough. He's the right blood group. Then there are the photos, the fact that he was in the lanes, the fact that he found the briefcase, the assault on you, Mr Potter. He's cleaned out the van, of course, but if Daisy was in there we'll find something. You can't drive a child round in the back of a van and not have something left behind. If there's one bit of fluff off her clothing, we'll find it. If she was in his flat, we'll find that too. If Kellett had her upstairs somewhere, there'll be evidence at Sefton Road. Don't worry. They're both going away for life and it really will be life. They're monsters.'

'Who do you blame for something like this?' Audrey said.

'I don't know. I just know who the law blames. The father was an abuser. He abused the boy, certainly, and probably the daughter as well. We'll never find out from them. They give nothing away. The mother seems to have colluded in it. Who knows what sort of life those children had, what sort of bond there is between them? It was a family,' said Rosewall, 'out of hell.'

The trial of Stephen Martin and Valerie Kellett dominated the news for weeks. As many people attended the trial as the courtroom would hold, and hundreds more waited outside, some camping there all night, for a glimpse of the defendants as they were driven to and from the court. The police vans which carried them were attacked several times and arrests were made. The newspapers carried extensive accounts of the trial and of the treatment which Daisy had allegedly received at the hands of her killers.

Valerie Kellett pleaded not guilty to murder. She did not speak in her own defence, but her lawyers offered her family background in mitigation. She had, it was said, tried to protect her brother throughout their childhood and had continued to protect him as an adult. The defence described her as a victim, the prosecution as a ruthless psychopath. The apparently calm and meticulous execution of Daisy's abduction told against her, and both defendants were convicted.

Stephen Martin received a life sentence in an institution for the criminally insane. Valerie Kellett was given life imprisonment. No one suggested that she was insane.

Norman Farrow resigned from Weston Secondary School, changed his name and moved abroad. Although he was not suspected of involvement in the murder, he was consistently described in the press as Valerie Kellett's lover. There were reporters and television cameras outside his door and he received abusive phone calls and death threats at all hours of the day and night.

He was never able to decide the truth about Val. From evidence which emerged during the trial, he seemed to have been the only man apart from her brother with whom she had had any close relationship at all. Her numerous lovers were fictitious. Sometimes he believed that she had allowed him to get closer to her than any other man. At other times he believed that she had used him to give her emotional life the appearance of normality. She had manipulated him as she had manipulated everyone.

Sarah Beale sat through every minute of the trial and heard every word that was spoken. At the end of it all she went back to live with her parents, though she continued to make regular visits to Daisy's grave.

Under techniques of interrogation and torture too horrible to be described, Alex Pelham eventually made a full confession to his crimes. He was sentenced to make regular visits to a child psychologist, who declared him to be disturbed by the circumstances of his parents' separation. Cathy Pelham blamed her husband's desertion and adultery. John Pelham blamed his wife's over-protectiveness and emotionalism. However, they agreed to attempt a trial reconciliation for the boy's sake and John Pelham moved back to the family home.

When George Potter returned to take up his teaching duties, he was well received by his colleagues. The consensus in the staffroom was that the allegations against him had been clearly preposterous and no one had ever seriously believed a word of it. There was no mention of stress or burn-out.

The pupils noticed a difference. The dreaded Potter seemed to have become a kinder, more tolerant man. He shouted less and listened more. They did not take advantage of this straight away. His former reputation had not been forgotten. They decided to bide their time.

George began to see a lot more of Audrey than he had done since the divorce. Although they maintained separate homes, they were seen out together and accepted dinner invitations together. They seemed happy in each other's company. He would often go to her house in the evenings and he sometimes stayed the night.

'It's just sick,' said Sandra. 'The whole thing is sick.'

'You may be right,' said Rosewall. 'I don't know. In my job you see terrible things every day and I suppose you just try to make sense of them. You can just condemn if you like, or you can try to understand. There are reasons for things. There are always reasons if you look hard enough. Maybe when you're a bit older you'll think life is more complicated.'

'Maybe I will,' she said. 'Older people are all sick.'

ALLISON & BUSBY CRIME

Jo Bannister
A Bleeding of Innocents
Sins of the Heart
Burning Desires

Brian Battison
The Witch's Familiar

Simon Beckett
Fine Lines
Animals

Ann Cleeves
A Day in the Death of Dorothea Cassidy

Denise Danks
Frame Grabber
Wink a Hopeful Eye
The Pizza House Crash

John Dunning
Booked to Die

John Gano
Inspector Proby's Christmas

Bob George
Main Bitch

Russell James
Slaughter Music

J. Robert Janes
Sandman

H. R. F. Keating
A Remarkable Case of Burglary

Ted Lewis
Billy Rags
Get Carter
GBH
Jack Carter's Law
Jack Carter and the Mafia Pigeon

Ross Macdonald
Blue City
The Barbarous Coast
The Blue Hammer
The Far Side of the Dollar
Find a Victim
The Galton Case
The Goodbye Look
The Instant Enemy
The Ivory Grin
The Lew Archer Omnibus Vol 1
The Lew Archer Omnibus Vol 2
The Lew Archer Omnibus Vol 3
Meet Me at the Morgue
The Moving Target
Sleeping Beauty
The Underground Man
The Way Some People Die
The Wycherly Woman
The Zebra-Striped Hearse

Priscilla Masters
Winding Up The Serpent

Margaret Millar
Ask for Me Tomorrow
Mermaid
Rose's Last Summer
Banshee
How Like An Angel
The Murder of Miranda
A Stranger in My Grave
The Soft Talkers

Jennie Melville
The Woman Who Was Not There

Frank Palmer
Dark Forest

Sax Rohmer
The Fu Manchu Omnibus Volume I
The Fu Manchu Omnibus Volume II

Frank Smith
Fatal Flaw

Richard Stark
The Green Eagle Score
The Handle
Point Blank
The Rare Coin Score
Slayground
The Sour Lemon Score
The Parker Omnibus Volume 1

Donald Thomas
Dancing in the Dark

I. K. Watson
Manor
Wolves Aren't White

Donald Westlake
Sacred Monsters
The Mercenaries
The Donald Westlake Omnibus

ACTE III

Un abri côtier dans lequel en plein front, comme la balle du même nom, se trouvent les Généraux initiaux : Audubon, Laveste, Juillet, Dupont d'Isigny. Ils ont une carte des opérations qui est en réalité celle du Tour de France, replié temporairement en Suède. C'est dire qu'il s'agit d'une carte de Suède.

Au lever du rideau, il y a quatre lits de camps dans l'abri. Trois sont occupés par Dupont, Laveste et Juillet. Audubon, réveillé et habillé, fait rageusement les cent pas dans l'espace libre, assez peu libre à vrai dire car il s'y trouve une table et des commodités de la conversation et la scène est petite; vu qu'on ne jouera jamais ça dans un théâtre sérieux.

SCÈNE I

AUDUBON, JUILLET, DUPONT, LAVESTE.

AUDUBON (*monologue*)

Ah... là là... ce qu'ils ont le sommeil dur, alors ceux-là!

(*Il ricane.*)

Et ça se prétend des militaires!

(*Il tourne en rond comme une bête fauve qui, à dire vrai, va plutôt de long en large si la cage est un quadrilatère.*)

Ils roupillent comme des bûches.

(*Juillet ouvre l'œil et se soulève.*)

JUILLET (*endormi*)

Tiens... vous dites comme une bûche, vous... moi je dis comme une souche.

(*Il retombe dans un grand ronflement.*)

AUDUBON

Quoi?...

(*Hausse les épaules.*)

Comme des bûches...

DUPONT (*même jeu que Juillet*)

... Moi... Je dis comme des loirs...

(*Il retombe, Audubon se tourne vers Laveste.*)

AUDUBON (*furieux*)

Alors? Allez-y? Ne vous gênez pas... Vous dites comment, vous? Des bûches? Des souches? Des loirs? Des saucisses? Des patates?

(*Il s'exaspère.*)

Des cornichons? Des vichy-fraises?

(*Il devient fou et tape des pieds.*)

Des bienheureux? Ils roupillent comme des bienheureux? Ah! là, là! Parlez-moi des généraux de maintenant! Tiens!

(*Il fout un objet par terre, quelque livre ou vase de cuivre.*)

Attrape!

(*Aucun ne bouge.*)

Ça ne vous suffit pas? Allez hop!

(*Il précipite l'horloge en bas, elle se rompt avec sauvagerie, il les regarde.*)

Rien encore! Ah, mais c'est à désespérer...

(*Il saisit un clairon, souffle dedans, rien ne sort, il le jette.*)

Saloperie d'outil!

(*Épuisé, il va s'asseoir à table.*)

Ce que je suis fatigué!...

(*il se relève, se met sur son lit; bâille.*)

Aââââââââh!

(*il se laisse tomber.*)

Dodo, Audubon...

(*Au même instant, petit déclic clair et net, les trois autres, tout habillés, s'asseoient, pivotent du même geste, posent les pieds par terre et se lèvent en se coiffant de leur képi. Tous trois se massent devant Audubon.*)

JUILLET

Alors, Wilson? Pas encore réveillé?

AUDUBON (*pâteux*)

Quoi?

(*Il se lève à son tour.*)

Ah... là, là... eh bien vous, alors...

DUPONT

Nous... oui, eh bien, nous?

AUDUBON

Assez...

JUILLET

Comment, assez?

AUDUBON

Ah, oui, assez!

DUPONT

Mais enfin, quelle mouche vous pique?

JUILLET

Allons, allons, vous voyez bien que Wilson n'est pas dans son assiette... Qu'est-ce qu'il y a, mon vieux?

AUDUBON (*boudeur*)

Y a rien...

JUILLET

Nous sommes entre nous... vous pouvez bien nous le dire...

AUDUBON

J'ai dormi comme un cochon.

JUILLET

Écoutez... nous ne sommes pourtant pas mal, ici...

AUDUBON

Ça vous paraîtra peut-être ridicule mais il m'est absolument impossible de dormir quand ma mère ne m'a pas bordé.

DUPONT (*excédé*)

Oh, là, là...

JUILLET

Voyons, Dupont!...

DUPONT

Il est tuant, avec sa mère...

LAVESTE

Vous dites?

DUPONT

Je dis qu'il est tuant...

LAVESTE

C'est bien ce que j'avais entendu.

(*Il saisit une grosse tirelire.*)

A la cagnotte!

JUILLET

Vous savez pourtant qu'il y a des mots que l'on ne prononce pas ici...

DUPONT (*hausse les épaules et paye*)

J'aime mieux ne pas faire de commentaires!

AUDUBON

Eh bien moi, je vais en faire un, de commentaire! Quand vous avez pleuré hier matin parce que vous n'aviez pas de nouvelles de votre plombier, je n'ai rien dit... s'il y a quelqu'un de ridicule, ici, c'est vous!

DUPONT

Wilson, votre commandement ne vous autorise pas à être indiscret!

AUDUBON

Quel sale esprit! Alors! Dire qu'on est obligé de vivre avec un mauvais caractère pareil!

JUILLET

Messieurs... Je vous en prie...

LAVESTE

Si nous laissons nos petites discussions tourner à l'aigre, dans l'état d'inactivité où nous sommes, je suis de l'avis de Juillet... Cela finira mal.

JUILLET (*à part*)

Je n'ai pas dit un mot de ça... mais je le regrette... c'est bien trouvé.

DUPONT

Qu'est-ce que c'est, cette histoire d'inactivité? Qu'est-ce que vous insinuez encore? Que je ne fais pas mon travail?

LAVESTE

Enfin, Dupont... d'Isigny... Je parle pour nous quatre... vous savez fort bien ce qu'il en est...

AUDUBON

Certes, c'est un fait, ce front est stagnant...

DUPONT (*sec*)

A quarante mètres sous terre, ça n'a rien d'extraordinaire.

AUDUBON

Écoutez, vous êtes de plus en plus désagréable, enfin! Ceux d'en face aussi, sont à quarante mètres sous terre!

JUILLET

Rendez-vous à la raison, Dupont... L'heure n'est plus aux charges à la baïonnette! Il nous appartient avant tout de conserver des chefs à nos troupes...

DUPONT

Et pendant ce temps-là, c'est à l'arrière qu'on se bat.

(*Il trépigne.*)

Oh! C'est irritant!

AUDUBON (*clin d'œil aux autres*)

Je vais le calmer. Dupont...

DUPONT

Si vous omettez encore une fois de me donner mon patronyme au complet, je ne vous réponds plus pendant trois jours.

AUDUBON

Ah, quel démon! Écoutez! Voilà ce que je vous propose. Vous vous rappelez, il y a deux ans? Quand on a bu du pastis à la maison...

JUILLET (*renfrogné*)

Oui...

(*Les autres, même jeu.*)

AUDUBON

Eh bien on va organiser un petit goûter entre nous... comme avant.

DUPONT

Ah! non, alors! Ça va être ennuyeux à mourir!

LAVESTE

Pardon?

DUPONT

A mourir! Je ne veux pas!

JUILLET

La cagnotte!

(*Il la tend à Dupont qui ronchonne et verse.*)

DUPONT

Je veux bien payer, mais je ne veux pas de ce goûter.

AUDUBON

Ce que vous êtes mauvais camarade, alors!

DUPONT

Vous avez vu où il nous a menés, votre premier goûter! Moi. comme expérience, ça me suffit!

AUDUBON (*vexé*)

Bon... bon... Je n'insiste pas, je n'insiste pas... puisque vous êtes si malin, trouvez autre chose! Je ne me mêlerai plus de vous distraire! Allez-y, allez-y!

DUPONT

Il y a exactement trente-six autres manières de s'occuper à quatre.

JUILLET

Dupont, vos mœurs ne vous obligent nullement à nous proposer des obscénités...

DUPONT

Vous exagérez, à la fin! Si je voulais vous proposer des obscénités, d'abord, j'aurais dit trente-deux manières. Et puis il n'y a aucune chance! Vous êtes bien trop laids, tous!

LAVESTE

Avec ça qu'il est joli, votre plombier.

(*Audubon se frotte les mains, sarcastique.*)

AUDUBON

Je vois que votre proposition a autant de succès que la mienne!

DUPONT

Vous êtes des cochons!

JUILLET

Moi, je crois qu'on pourrait jouer à un jeu.

LAVESTE

Ah! Enfin une bonne idée!

AUDUBON

Une bonne idée?... Ça dépend quel jeu.

LAVESTE

C'est un jeu très amusant. Je me souviens qu'on y jouait toujours à la maison. C'est mon père qui nous l'avait appris et vraiment, je crois que ça vous plaira. Ça s'appelle le tirelarigot.

JUILLET

Épatant!

AUDUBON

Je reconnais que c'est prometteur!

LAVESTE

Je suis sûr que ça va vous amuser. Allez, on s'installe.

JUILLET

Comment?

LAVESTE

Heu... c'est comme à la belote, si je me souviens bien... quatre autour d'une table...

JUILLET

Alors vous vous trompez... c'est comme au bridge...

AUDUBON

Enfin, ne soyez pas idiots, mes amis, c'est comme au jeu de l'oie, c'est tout...

DUPONT (*enflammé*)

C'est comme à la bataille!

(*Juillet se lève, prend la tirelire.*)

JUILLET

Décidément, vous avez trop d'argent, mon cher... allons... vos vingt balles!...

DUPONT

Ah, là là!

(*Il paie et, maussade, vient s'asseoir.*)

JUILLET

A la bonne heure, mon vieux... voilà comment il faut être... Pas de rancunes mesquines, ici...

AUDUBON

Vous avez raison... pas de rancunes mesquines... Dupont d'Isigny, serrons-nous la main.

DUPONT (*machinal*)

Je vous répète que je m'appelle...

(*il se rend compte.*)

Hum... c'est bien ça.

(*Ils se serrent la main.*)

JUILLET (*excité*)

Comment joue-t-on?

LAVESTE (*tous se sont assis*)

Attendez un peu, mon vieux, je cherche à me rappeler... voyons... d'abord il faut choisir un pinailleur...

AUDUBON

Oh! je voudrais être le pinailleur!

LAVESTE

Je veux bien si personne n'y voit d'inconvénient... allez-y... bon... alors le pinailleur prend vingt paquets de cinquante-deux cartes, il les mélange soigneusement et il en donne deux cent trente-trois à chacun... une par une... et en changeant de sens tous les dix tours... non... tous les sept tours... hum...

AUDUBON (*effrayé*)

Personne d'autre n'a envie d'être le pinailleur?...

DUPONT

Non, merci.

JUILLET

Faites donc, mon vieux...

LAVESTE

Laissez-moi réfléchir un instant...

(*Il marmotte.*)

Si un deux rouge suit un quatre noir... le pinailleur passe dix-sept cartes au joueur qui précède immédiatement le dernier à avoir fait deux plis consécutifs... euh... non... trois plis consécutifs... à condition qu'au moins un de ces trois plis comporte un as rouge... ah... c'est ça, ça me revient... il faut d'abord savoir qui jouera le premier... pour ça, j'ai besoin d'un tapistron... qui veut être le tapistron...

AUDUBON

Moi!

LAVESTE

Non... vous êtes déjà pinailleur... Dupont?

DUPONT

Merci, non.

LAVESTE

Et vous, Juillet?

JUILLET

Sans façon...

LAVESTE

Alors ce sera moi. Bon. Chacun des joueurs commence par donner cinq cents francs au tapistron pour le payer de ses services...

AUDUBON

Dites donc! Et le pinailleur, alors?

LAVESTE

Ah, ce n'est pas pareil... vous vous êtes porté volontaire... sans ça, on aurait tiré... mais le tapistron est désigné par cooptation... C'est un des intérêts du jeu, c'est qu'il est absolument injuste.

AUDUBON (*ronchonne*)

Cinq cents francs... heureusement qu'on a nos soldes de guerre, sans ça...

(*Ils paient tous les trois.*)

JUILLET

La suite, Laveste, ça commence à devenir passionnant...

LAVESTE

Ne nous pressons pas... C'est tout de même relativement assez compliqué.

AUDUBON

Et vous appelez ça le tirelarigot?

LAVESTE

Oui... enfin, c'est comme ça qu'on l'appelait dans ma famille. Hum... alors voilà... le tapistron commence par quitter le jeu et par faire le tour de la table trois fois en se tenant le nez.

(*Il le fait et s'arrête brusquement.*)

Mais j'y pense... est-ce que nous avons vingt jeux de cinquante-deux cartes?

JUILLET

Ma foi... Je ne crois pas... Audubon, qu'en pensez-vous?

AUDUBON

Absolument pas, d'ailleurs maman m'a toujours interdit de jouer.

DUPONT

Moi, j'ai horreur des cartes.

LAVESTE

Alors je crois qu'il est inutile que je continue. D'ailleurs, je ne me rappelle plus la règle.

AUDUBON

Ouf! Je respire.

LAVESTE

Mais si ça vous tente, il y a aussi le talatzinntatzine.

JUILLET

Hum...

DUPONT

Oui...

AUDUBON

Ça paraît moins prometteur que le tirelarigot.

LAVESTE

Remarquez, je ne me rappelle pas la règle non plus, mais ça, je me souviens que c'était réellement drôle.

(*Un silence. Chacun tapote sur la table de plus en plus fort. La porte s'ouvre brusquement. Entre Robert en militaire, portant un journal plié.*)

SCÈNE II

LES QUATRE GÉNÉRAUX, ROBERT.

ROBERT

Le journal!

AUDUBON

Ah!

(*Tous vont se jeter sur le journal, il a un geste impératif.*)

Permettez!

(*Les autres se rasseyent. Il prend le journal.*)

Merci, Robert!

ROBERT

De rien, mon général.

AUDUBON

Repos!

(*Robert se retire.*)

DUPONT

Les nouvelles! Vite!

JUILLET

Quoi de neuf?

LAVESTE

Allez, lisez!

(*Religieusement, Audubon déplie le journal, qui est* le Figaro, *complètement blanc, entièrement censuré.*)

AUDUBON

Voyez vous-même!

(*Il le retourne.*)

DUPONT

Eh bien... à la bonne heure! La censure marche, au moins...

JUILLET

Ça, s'il y a une chose qui marche!

(*Ils jettent un œil à Laveste.*)

AUDUBON

Laveste... est-ce que vos services ne seraient pas un peu... pointilleux?

LAVESTE

Hum. Vous savez... on ne peut pas tout dire au public... il y a des nouvelles qui risqueraient de l'affoler...

AUDUBON (*désigne le journal*)

Et ça, vous ne pensez pas que...

LAVESTE

Ah, du tout! Pas de nouvelles, bonnes nouvelles!

JUILLET

C'est juste!

AUDUBON

Très juste!

LAVESTE

Et puis... ce papier, tel qu'il est là, peut parfaitement servir à l'impression du numéro suivant... Économie formidable! Et vous constatez que ça permet de continuer à donner au public des journaux de douze pages.

(*Audubon les compte.*)

AUDUBON

Le compte y est!

LAVESTE

Psychologiquement, c'est très important...

AUDUBON

Je vous crois...

(*Dupont s'absorbe dans le journal. Silence. Même jeu que tout à l'heure, tapotis de doigts sur la table, de plus en plus fort, qui s'arrête net.*)

Mais enfin, voulez-vous me dire pourquoi nous ne pouvons pas arriver à retrouver l'atmosphère d'autrefois?

JUILLET

Vous nous le demandez?

AUDUBON

Avec stupéfaction.

JUILLET

Eh bien c'est qu'il y a la guerre, que voulez-vous...

(*Dupont se lève et lui tend la cagnotte, Juillet obtempère.*)

AUDUBON

Mais naturellement, où ai-je la tête... Tout ça, c'est de la faute à Plantin. Ma mère me disait bien que ce n'était pas une fréquentation pour moi.

(*On entend un bruit de canon.*)

Qu'est-ce que c'est? Mais que se passe-t-il... Mon Dieu! Mais on dirait que c'est...

JUILLET (*inquiet*)

Ça a bien l'air d'être ça...

DUPONT (*ravi*)

Ah! Enfin!

LAVESTE

Quoi, enfin? Vous êtes enragé, vous, alors! Vous, trouvez qu'on a pas assez d'embêtements comme ça?

(*Reparaît Robert.*)

SCÈNE III

LES MÊMES, ROBERT.

ROBERT

Mon général... il y a une visite...

AUDUBON

Comment, une visite... D'abord, veux-tu me dire ce que c'est que ce bruit?

ROBERT

Mon général, le capitaine commandant le fort a cru bon de tirer une salve pour saluer les visiteurs... euh... les canons commencent à rouiller, alors il a pensé que ça entraînerait un peu les hommes et le matériel...

AUDUBON (*furieux*)

Va lui dire que c'est une idée de crétin... c'est du gaspillage, voilà tout... et rappelle-lui qu'à aucun prix je ne veux entendre ça. Enfin c'est fantastique, qui est-ce qui commande ici... il sera à l'amende... cinquante francs pour la cagnotte!

ROBERT

Je vais le lui dire, mon général...

AUDUBON

Qui sont-ce, d'abord, ces visiteurs?

ROBERT

C'est monsieur le Président du Conseil, mon général... et il y a d'autres officiels avec lui... le général Korkiloff... Monseigneur Tapecul... le général Ching...

AUDUBON

Et Jackson, alors?

ROBERT

Je ne l'ai pas vu, mon général...

AUDUBON

Quelle pagaille! C'est insensé!

(*Robert va sortir.*)

Un instant.

(*Il va à la carte.*)

Qui a gagné l'étape ce soir?

ROBERT

C'est Robic, mon général... et Bartali second!...

AUDUBON

Alors, Koblet, qu'est-ce qu'il fait, hein? Il recommence comme il y a deux ans... ah, là, là...

(*Il met le petit drapeau.*)

JUILLET

Moi je suis sûr que Biquet ne tiendra pas sur l'étape Stockholm-Malmö...

AUDUBON

Vous rigolez, Juillet... Bobet, dans un fauteuil...

LAVESTE

Moi, depuis que le Tour de France passe en Suède, j'y comprends plus rien... avant, on avait des repères, le Galibier, l'Izoard... Maintenant, allez vous y reconnaître...

DUPONT (*sarcastique*)

Ce n'est quand même pas plus compliqué que le tirelarigot, Laveste, écoutez...

JUILLET

Et nous sommes encore heureux que les Suédois aient accepté ça! Pensez si c'était seulement en Azerbaïdjan...

ROBERT

Excusez-moi, mes généraux...

(*A Audubon.*)

Mon général... Est-ce que j'introduis ces messieurs?

AUDUBON

Mais oui... faites vite... attends... Tu as quelque chose à boire?...

ROBERT

Oh, non, mon général... Je n'ai pas d'argent...

AUDUBON

Mais au fait!

(*Il tend la main.*)

Laveste... puisque vous n'êtes plus tapistron...

(*A Dupont, à Juillet.*)

Vous accepterez bien de participer à l'achat de quelques boissons...

DUPONT

Pas d'anisette, hein!...

LAVESTE (*à Audubon*)

Pardonnez-moi... tenez voilà les mille cinq cents francs... Plus cinq cents francs de ma part...

AUDUBON

Euh... achète une bouteille de porto... tu auras assez avec mille francs, hein...

ROBERT

Oui, mon général...

(*Il sort.*)

AUDUBON

Parfait!

(*Il empoche le troisième billet.*)

Cours à la cantine... apporte quelques gâteaux...

(*Il se frotte les mains.*)

On va tout de même le faire ce petit goûter...

DUPONT

Pour un général, c'est effrayant ce que vous êtes civil...

AUDUBON (*s'affaire*)

Préparons tout! Un petit napperon... aucun de vous n'a un petit napperon?

DUPONT (*exaspéré*)

Qu'est-ce que vous voulez que nous fassions d'un petit napperon?

AUDUBON

Chez maman, il y avait des petits napperons dans toutes les armoires et c'était rudement commode.

(*Il cherche.*)

Voyons... par quoi est-ce que je pourrais remplacer ce petit napperon?

(*A Juillet.*)

Juillet... vous avez toujours votre écharpe jaune?

JUILLET

Je le suppose.

AUDUBON

Ça ira très bien... Pouvez-vous me la prêter?

JUILLET

C'est embêtant, écoutez... elle va être couverte de taches...

AUDUBON

Vous refusez?

JUILLET

Dois-je considérer ça comme un ultimatum?

AUDUBON

Juillet, donnez-moi votre écharpe jaune. Ce n'est pas un ultimatum, c'est un ordre.

JUILLET

Si c'est un ordre, c'est différent!

(*Il va chercher son écharpe jaune.*)

AUDUBON

Des fleurs... il faudrait quelques fleurs. Rien n'égaie une journée comme un bouquet de soucis.

LAVESTE (*méditatif*)

Peut-être qu'il y en aura un qui se rappellera mieux que moi la règle complète du tirelarigot.

DUPONT

J'espère que non.

AUDUBON

Qu'est-ce qu'on pourrait faire... Dupont, vous n'avez pas de petits lampions en papier?

DUPONT

Sacré nom d'une pipe en bois, qu'est-ce que vous voudriez que je foute au front avec des petits lampions en papier?

AUDUBON

Il y en avait toujours chez moi... pour mon anniversaire, on les allumait autour du lustre de la salle à manger.

DUPONT (*enragé*)

Ah, ça, est-ce que vous allez continuer longtemps à nous casser les roubignoles avec les souvenirs de votre jeunesse gâteuse? Je vous jure, c'est mortel!

JUILLET

Hum... la cagnotte, vieux...

(Il lui passe la tirelire.)

DUPONT (*furieux*)

Ah, merde, à la fin!

(Il va pour sortir et se heurte à Robert qui revient et s'efface pour laisser passer le petit groupe.)

SCÈNE IV

LES MÊMES *plus* PLANTIN, KORKILOFF, CHING ET ROBERT.

PLANTIN (*à ses compagnons*)

Nous y voilà.

(Ouvrant les bras à Audubon.)

Wilson! Mon cher ami! Quelle joie de vous revoir tous vivants!

AUDUBON

Oh! Plantin... Je suis confus... rien n'est prêt... Nous ne vous attendions guère, voyez-vous : tout ce voyage pour tomber dans un désordre pareil!

PLANTIN

Mon vieux... le plaisir de vous revoir est une récompense amplement suffisante!

AUDUBON

Je suis vraiment confus...

(*Il salue les autres.*)

Cher général Korkiloff... et vous, Ching-Ping-Ting... mais vous ne connaissez pas mon grand État-Major, je crois... Dupont d'Isigny, Lenvers de Laveste, Juillet...

(*Serrage de mains, exclamations, etc. Sur la fin, arrive Roland Tapecul, qui porte une bouteille.*)

ROLAND

J'ai trouvé ton chameau d'ordonnance en train d'étalonner la bouteille... dire que tu n'as pas encore été fichu de te débarrasser de ce zèbre-là... Voilà ce qui reste...

(*Entre Robert qui porte deux assiettes de gâteaux secs.*)

AUDUBON

Robert! Que se passe-t-il donc avec le porteau (*sic*)?

ROBERT (*à l'archevêque*)

Je leur dis la vérité, Monseigneur!

ROLAND

Garde ça pour toi, imbécile... J'ai donné *ma* version de l'affaire... c'est la bonne.

(*Il lui glisse un billet — Robert dispose les gâteaux et s'en va — Roland, Korkiloff et Ching, avec discrétion, se mettent à préparer un casse-graine dans un cornet.*)

PLANTIN

Mon cher Wilson, nous avons assez peu de temps devant nous, aussi je serai fort bref. Nous sommes actuellement en tournée d'inspection sur le front et nous n'avons pas voulu rater cette occasion de vous rendre visite. En gros, tout va bien.

AUDUBON

Ah, bon.

PLANTIN

Mais vous devez être au courant.

AUDUBON

Ma foi, vous savez, le journal est assez vague, et nous menons une vie très retirée. Selon moi, il est impossible de faire du bon travail s'il y a trop de mouvement dans un P. C. Alors nous nous contentons du minimum.

PLANTIN

Oui... ce bon vieux Tour!

(*Tous hochent la tête avec nostalgie.*)

DUPONT

Monsieur le Président du Conseil, pour ne rien vous cacher, moi je trouve qu'on s'embête singulièrement.

PLANTIN

Ah... vous aussi? Personnellement, c'est également mon cas.

LAVESTE

Et qu'est-ce que vous faites contre?

PLANTIN

Ben, vous voyez, des tournées d'inspection. La société de ces messieurs, je l'avoue, est extrêmement divertissante.

(*Il désigne les trois apôtres qui s'empiffrent.*)

AUDUBON

Mais pour en venir aux faits?

JUILLET (*à part à Laveste*)

C'est tout de même un chef, voyez-vous... Il va droit à l'essentiel.

PLANTIN

Comme je vous le disais, les nouvelles sont excellentes. L'Économie française est enfin complètement déséquilibrée.

AUDUBON

Hum. Est-ce que c'est si bon que ça?

PLANTIN

Comment? Mais c'est-à-dire que nous autres les politiciens, allons pouvoir donner notre mesure... Voilà comment je vois la chose : vous terminez brièvement la guerre — sur une victoire, bien entendu — et nous rétablissons la situation.

(*Juillet s'approche et tend la cagnotte à Plantin — Geste étonné de ce dernier.*)

PLANTIN

Qu'est-ce que c'est ?

JUILLET

Notre petite cagnotte... il y a des mots prohibés...

PLANTIN

Lesquels?

JUILLET

Ah, je ne peux pas vous le dire... Je serais à l'amende aussi... mais ne vous en faites pas, on vous préviendra au fur et à mesure.

AUDUBON

Allons, allons...

(*A Plantin.*)

Oui... bon... je vois votre point de vue; mais naturellement, sitôt la... hum... la chose terminée.

(*Jeu de Juillet qui prépare la cagnotte et chaque fois est déçu.*)

vous allez rogner les crédits de... hum... nos crédits?

PLANTIN

Cela tombe sous le sens.

AUDUBON

Et vous voulez une victoire?

PLANTIN

Cette question!

AUDUBON

Écoutez... je regrette, mais je crains que ça ne soit pas très faisable en ce moment...

PLANTIN

Comment! Enfin, Wilson! C'est insensé! Je ne vous demande pas votre avis!

AUDUBON

C'est un ordre? Vous me couvrez?

PLANTIN

Ne l'ai-je pas toujours fait?

AUDUBON

Alors d'accord!

(*Aux autres.*)

Considérons la... le truc comme fini, les enfants...

(*Juillet tend la cagnotte, est déçu.*)

DUPONT (*furieux*)

Ah! Non, alors! Pas déjà!

AUDUBON

Enfin... virtuellement... dès la prochaine victoire...

DUPONT

Ah!... Vous me rassurez! C'est pas demain la quille, alors!

AUDUBON

Mon cher d'Isigny... Je me propose d'ailleurs de vous confier l'opération en question...

DUPONT

J'accepte... Je peux aller me préparer?

AUDUBON

Allez, allez! Quel grand enfant!

DUPONT

Ouf!

(*Il salue et sort.*)

PLANTIN

Le moral de vos subordonnés est étonnant!

AUDUBON

Oui... heu... Je les ai bien en mains...

PLANTIN

Je compte sur vous!

AUDUBON

Vous le pouvez!

PLANTIN

Eh bien, je crois qu'il faut arroser ça...

AUDUBON

Arrosons... si toutefois ces trois clampins n'ont pas tout bu.

(*Ils vont s'installer.*)

Robert!

ROBERT

Mon général?

AUDUBON

Du rabiot!

ROBERT (*geste du frotte-pouce-index*)

AUDUBON

De l'argent, encore de l'argent! Zut, à la fin! Demande à Plantin! Ou à Roland, tiens.

(*Roland se lève.*)

ROLAND

De quoi? Qu'est-ce qu'il faut qu'il me demande?

AUDUBON

Du quibus...

ROLAND (*s'esclaffe*)

Du quibus! Écoute, baderne, ton argot est aussi démodé qu'un pater noster...

(*il tire du fric de sa poche.*)

Voilà l'artiche, mon pote...

ROBERT (*vexé*)

Moi, je dis l'osier.

ROLAND

Oui, mais tu n'as pas les responsabilités que j'ai. Saute!

(*Robert file, va revenir avec les bouteilles et repartira.*)

AUDUBON (*ému*)

Tu es toujours aussi rosse avec moi, mais je suis content de te voir, crétin!

ROLAND

Allez! Une larme!

AUDUBON

Ah, tu m'exaspères...

ROLAND (*lui tape le dos*)

Viens boire.

(*Ils se mêlent au groupe.*)

LAVESTE

On s'embêtait tellement, figurez-vous, que j'ai essayé de leur apprendre le tirelarigot

(*Gros rires.*)

sans résultats!...

PLANTIN

Mes pauvres amis... heureusement que... tout ça va être fini!...

(*Juillet préparait la cagnotte et la repose.*)

JUILLET

Tiens! Vous apprenez vite!

KORKILOFF

Ah, c'est terrible, ennui stratégique, voï, voï...

CHING

Pourquoi? croyez-vous qu'on coupait les gens en petits morceaux, chez nous?

LAVESTE

Oui, bien sûr... ça doit être assez gai la première fois... mais je préfère un jeu moins bruyant...

AUDUBON

Moi, ce que je préfère à tout, c'est un goûter, comme ça avec de bons amis...

KORKILOFF (*à Laveste*)

Folklore russe... très riche en jeux de société!...

LAVESTE (*intéressé*)

Ah! Tiens!

ROLAND

Dites donc, les enfants, si on chantait une chanson?

AUDUBON

Ah! Épatant!

(*A Juillet.*)

Juillet, pour une fois, vous allez remiser votre cagnotte et on va chanter une chanson de marche!

ROLAND

Oh... misère! Et le Cordonnier Pamphile, alors?

KORKILOFF (*continue, à Laveste*)

Voï... Tenez, connaissez-vous la roulette russe?

(*Il lui montre un revolver à barillet, retire les cartouches.*)

AUDUBON

Je commence, les gars...

(*Il se gratte la gorge.*)

KORKILOFF

Vous laissez une cartouche dedans... vous faites tourner barillet... comme loterie...

LAVESTE

Et Grédy?

KORKILOFF

Ah... assez! Pas d'astuces! Jeu! Vous faites tourner barillet, hop!

(*Il se tire sur la tempe, aucun résultat. Rire énorme.*)

Ha ha!

LAVESTE (*vert*)

Ah... eh bien...

KORKILOFF

Essayez!

(*Il lui tend. Laveste mortellement inquiet, va obtempérer pendant qu'Audubon attaque sa chanson.*)

AUDUBON

Marchons
Marchons
Marchons marchons marchons
Marchons d'un pas alerte
Sur une route verte
Marchons
Marchons

(*Applaudissements.*)

On va faire le bruit des pas!

TOUS

Plouc! Plouc! Plouc! Plouc! Plouc! Plouc! Plouc! Plouc!

ROLAND

A moi!

(*Il se gratte la gorge, même jeu, cependant que Laveste s'est décidé, se tire un coup sans résultat, et, rassuré, éclate d'un rire énorme avec Korkiloff.*)

Un peu de silence!

Marchons
Marchons
Marchons marchons marchons
Marchons d'un pas sinistre
Sur une route bistre
Marchons
Marchons

(*Les autres font le bruit des pas. Laveste a passé le revolver à Ching-Ping-Ting qui se tape sur les cuisses, le prend et leur demande à voix basse des explications.*)

JUILLET

A moi, à moi, j'en ai un bon!

Marchons
Marchons
Marchons marchons marchons
Marchons d'un pas allègre
Sur une route nègre
Marchons
Marchons

AUDUBON

Ah! Juillet! Vous êtes mûr pour l'Académie...

(*Enthousiasme général, Ching tire, le coup part et il s'effondre.*)

AUDUBON

Qu'est-ce qu'il y a?

KORKILOFF

Ce n'est rien! On joue roulette russe!...

AUDUBON

Ah! Parfait! A vous, Léon... Vous voulez bien que je vous appelle Léon?

LÉON

Avec joie!

(Il chante.)

Marchons
Marchons
Marchons marchons marchons
Marchons d'un pas qui bouge
Sur une route rouge
Marchons
Marchons

(Même jeu. Roland qui avait pris le revolver s'écroule. Korkiloff et Laveste s'étouffent de rire.)

Mais ça a l'air marrant, votre jeu, dites donc... faites voir.

(Il prend le pistolet.)

KORKILOFF *(chante)*

Marchons
Marchons
Marchons marchons marchons
Marchons d'un pas de bronze
Sur une route en bronze
Marchons
Marchons

(*Il se tord. Léon s'écroule et la balle traverse Korkiloff qui tombe à son tour.*)

AUDUBON

Formidable! Deux d'un coup! A vous, Laveste!

(*Pendant ce temps, Juillet attrape le revolver, même jeu que les autres, s'écroule à la fin du couplet.*)

LAVESTE

Marchons
Marchons
Marchons marchons marchons
Marchons marchons sans cesse
Sur une route en peau d' fesse
Marchons
Marchons

AUDUBON

Au poil...

(*Il prend le revolver.*)

Expliquez-moi comment ça marche... vous êtes là à vous amuser tout seuls...

LAVESTE

C'est enfantin! On met une balle dans le barillet... on tourne... et on tire... comme ça...

(*Il s'écroule mort.*)

AUDUBON

Délicieux! A moi!

(*Il remplit l'arme, tourne.*)

Une... deux... trois...

(*Rien ne se passe.*)

Ah ah ah! raté!

(*Il tire encore, un tableau tombe.*)

Hé! de peu!

(*Il réessaye sur lui-même, ça marche, et il tombe mort en criant :*)

J'ai gagné!

(*Une petite Marseillaise jouée au pipeau surgit soudain et Dupont, en grande tenue, le sabre sur l'épaule, tirant un canon à roulettes, traverse la scène en chantant.*)

DUPONT

Marchons
Marchons
Marchons marchons marchons
Marchons d'un pas frivole
Sur une route folle
Marchons
Marchons

RIDEAU

NOTE CRITIQUE SUR LES « DEUX » GOÛTERS DES GÉNÉRAUX [1]

Dans le *Dossier Vian* (Dossier nº 12, p. 128) le S^me^ Provéditeur des Ostensions et Exhibitions avertissait les lecteurs que la traduction entreprise par Boris Vian des mémoires du général Omar N. Bradley, intitulés *Histoire d'un Soldat* (Gallimard 1952), était à l'origine de la pièce inédite *Le Goûter des Généraux* : voici donc cette œuvre éditée. Sa — gracieuse — Sommité la Régente Ursula Vian-Kübler a bien voulu, en nous confiant un exemplaire dactylographié du *Goûter des Généraux*, nous faire savoir que Boris Vian avait rédigé une première version de cette pièce qu'il avait profondément modifiée en établissant la version définitive; Sa Sommité nous communiqua le manuscrit et un exemplaire dactylographié de cette première version. Ce manuscrit portait comme titre : *L'avis des grands capitaines par Cornelius Nepos*, corrigé plus tard sur l'exemplaire dactylographié en *Le Goûter des Généraux.*

Outre cette découverte, la comparaison des deux textes, si elle ne laissait aucun doute sur les intentions du Tr^t^ Satrape dont on sait qu'il avait expressément opté pour la version que nous publions, nous procura une certaine surprise. En effet, en confrontant le texte des parties communes aux deux versions nous avons constaté que la Première Version — dont on trouvera l'analyse et de larges extraits plus loin — portait des corrections manuscrites dont aucune n'était reprise dans la Deuxième Version. En dressant la

(1) Parue à la suite de l'édition originale de la version définitive par le Collège de Pataphysique (4 Clinamen 89 = 26 mars 1962) et dans le *Dossier* nº 18-19 du Collège de Pataphysique (7 Clinamen 89 = 29 mars 1962).

liste de ces corrections, il nous apparut qu'elles étaient surtout de trois ordres :

— des indications concernant les jeux de scène (se reporter aux notes p. 226, 227, 245, 257, 258, 279, 319);

— des ajouts rendant plus explicites les répliques qui suivaient (notes p. 230, 235, 245, 258, 293, 301);

— des « trouvailles » dont on comprend mal pourquoi Boris Vian les aurait supprimées en rédigeant la 2e version (notes p. 223, 228, 231 et surtout notes p. 256, 257, 258, 278, 288, 316).

A la suite d'un examen approfondi des dactylographies et des manuscrits originaux, nous avons conclu que ces corrections sont évidemment postérieures à la version définitive. Il semble probable que Boris Vian les ait rédigées à un moment où il n'avait pas sous la main le texte de la Deuxième Version, se réservant de les y intégrer plus tard. C'est pourquoi nous avons tenu à les faire figurer en marge du texte commun aux deux versions pour offrir aux lecteurs une version scientifique et la plus complète possible de cette œuvre.

Signalons enfin que nous avons corrigé la numérotation des tableaux et des scènes, numérotation fautive dans les deux versions.

Rien de ce qui nous reste de Boris Vian n'étant indifférent pour le Collège, il nous a paru intéressant de donner à nos lecteurs une idée de la première conception de cette œuvre, bien qu'elle ait été abandonnée par l'auteur. On verra par notre analyse que son propos était tout différent et que sa technique dramatique reposait sur un dédoublement de la pièce. Cette recherche d'une expression *à la* 2e *puissance*, même si l'auteur en a jugé les effets insuffisants, nous a paru justifier l'analyse suivante et nous autoriser à demander aux Membres du Collège d'avoir la patience de la lire : quelques citations originales les dédommageront de la peine qu'ils y prendront.

*
* *

LA PREMIÈRE VERSION DU « GOÛTER DES GÉNÉRAUX »

ACTE I. — 1er TABLEAU

[*Sc.* 1] *Jean Astier, auteur d'un manuscrit, attend en compagnie de sa femme Francine le Directeur de Théâtre Bataillard dans le cabinet de travail de celui-ci. Devant la pile de manuscrits que le Directeur est censé devoir lire, Jean exprime ses craintes de voir le sien passer inaperçu. Pour attirer l'attention de l'éditeur sur son œuvre, il avait demandé par l'intermédiaire d'Hector, garçon de bureau chez Bataillard, une entrevue qui, à sa grande surprise, lui a été accordée sans difficulté.*

[*Sc.* 2] *Quelques instants après l'entrée en scène de Bataillard* (*qui les surprend en train de s'embrasser*), *Jean a l'explication de l'empressement de l'éditeur à le recevoir : Hector n'a pas dit à son patron qu'Astier était l'auteur d'une pièce de théâtre. Ce coup abat l'optimisme de Jean. Mélancoliquement il manifeste le désir de retirer son manuscrit.*

Après avoir pesté contre la naïveté des auteurs qui croient que les directeurs de théâtre sont faits pour lire toutes les pièces que ces inconscients écrivent, Bataillard par acquit de conscience demande si au moins elle est drôle sa pièce? Jean le croit timidement, Francine l'affirme avec empressement prenant à témoin la gaîté naturelle de son mari (qui, déjà sombre, devient sinistre). Mais Bataillard pérore : « *un humoriste n'a pas le droit d'être gai, il peut rire, certes, mais il doit toujours traîner dans son rire un écho du grelot funèbre des prophètes* ». En conséquence la pièce ne saurait être drôle. Jean rétorque que n'étant pas humoriste, il est gai et le restera, et déjà il récupère son manuscrit. Le directeur intrigué veut en savoir plus long sur la pièce, en apprend avec étonnement le sujet : la prochaine guerre, et propose finalement à Jean et Francine de lire la pièce à eux trois; lui, Bataillard, se réserve le rôle d'Audubon. Ils commencent à lire, la scène s'obscurcit, le rideau se lève sur l'appartement d'Audubon.

Les 2e et 3e tableaux du premier acte de cette Première Version constituent le 1er Acte de la version que nous publions; les seules différences étant les corrections manuscrites dont nous avons parlé et qui figurent en note dans les pages précédentes.

ACTE II. — 1er TABLEAU

Le 1er tableau de l'Acte II correspond à l'Acte II de la version définitive. Mais les trois premières scènes diffèrent sensiblement.

[Sc. 1-2-3] *Jean — le jeune secrétaire de Plantin — et Francine — dactylo du même — roucoulent tendrement jusqu'à l'arrivée de Korkiloff qui les surprend en train de s'embrasser, à la suite du représentant russe, se succèdent Jackson et Ching; introduits par Francine pareillement. Le théâtre est — dans cette version — divisé en deux parties inégales (à droite, un petit bureau, antichambre à la salle de réunion; à gauche, cette salle avec une entrée, vue en coupe, par le petit bureau). Le spectateur peut suivre à la fois le tendre babillage de Francine et Jean et le piétinement sourd des généraux qui attendent. C'est ainsi que cette version prévoit un jeu de scène où Korkiloff et Jackson s'évitent jusqu'à l'arrivée de Ching qui les présente l'un à l'autre et fait démarrer la conversation.*

[Sc. 4-5-6-7] L'attente des trois généraux, l'arrivée d'Audubon, celle de Plantin et la conférence proprement dite ne diffèrent que par les ajouts manuscrits que nous avons signalés. Puis la similitude cesse.

[Sc. 8] *L'accord étant intervenu, surgit Josette — la petite amie de Léon Plantin — qui dans la meilleure tradition des cocottes fait une scène sans raison à son Léon. Pour la calmer Plantin décide de traiter tout le monde au restaurant « Chez Dudule », ils sortent tous, reste Francine.*

[Sc. 9] *Jean qui était demeuré dans l'antichambre (obscure jusqu'à cet instant) rejoint Francine effondrée qui lui apprend que cette guerre dont Plantin parlait toujours sans qu'ils osent y croire est bel et bien décidée et sur le point d'éclater. De part et d'autre de sinistres propos :*

FRANCINE. — « *Tiens, tu sais, quand Léon te fait faire des avant-projets de discours? Eh ben, un uniforme c'est un avant-projet de cercueil* ». Suit une longue tirade où Francine dépeint ce que pourrait être leur vie commune — une chaumière et deux cœurs — et termine la scène par d'hystériques « *Je ne veux pas! Je ne veux pas!...* »

IIe TABLEAU

[*Sc.* 1] *Nous retrouvons le bureau du Directeur de théâtre et les personnages du prologue. De la pièce qu'ils viennent de lire, Bataillard ne dit rien tout d'abord; il est sous le charme du talent de comédienne de Francine qu'il croit être actrice professionnelle et dont il veut parrainer la carrière. A sa grande surprise, elle ne veut pas devenir actrice et Jean, qui s'impose un culot artificiel, ramène l'éditeur à ses moutons en lui demandant son avis sur la pièce. Bataillard la trouve injouable et n'y voit qu'un « mélange de Guignol et de* Confidences, *avec une trace de Comtesse de Ségur* ».

JEAN

Enfin, ce jugement dénote une certaine perspicacité de votre part. J'ai été nourri des œuvres de la Comtesse de Ségur, née Rostopchine. C'est d'ailleurs sans doute, la forme dialoguée de la plupart de ses livres qui m'a poussé vers le théâtre.

BAT

Et il continue à appeler ça du théâtre.

JEAN

Quand on écrit comme j'écris on est en droit de s'imaginer, à tort ou non, que l'on fait du théâtre!

BAT

Et comment écrivez-vous vos pièces?

JEAN

Comme Racine.

BAT

?...

JEAN

Oui... je peins les hommes tels qu'ils sont.

BAT

C'est en ce sens que vous différez de la Comtesse de Ségur.

JEAN

Pas du tout. Je peins les hommes dans le langage de mon époque et de mon milieu, avec les passions caractéristiques de ce milieu; naturellement, tout ça a beaucoup changé depuis la Comtesse de Ségur. C'est peut-être ce qui vous déroute un peu dans cette comparaison.

BAT

Bon, bon, d'ailleurs tout ça, ce sont des critiques que j'ai tort de faire, ce sont des critiques beaucoup trop générales, des objections de principe, et chacun est libre de se choisir ses principes... Mais enfin, votre pièce, ce texte particulier, appelle certaines objections qui lui sont spécifiques, si je puis dire... (il s'arrête.)

JEAN

Vous êtes un peu pesant, mais je vous suis, allez-y.

BAT

Un point précis, entre autres. Tenez; la guerre, d'habitude, c'est aussi le fait des industriels; or vos... vos zèbres ne consultent même pas les industriels.

JEAN

Je n'ai pas écrit une pièce pour les imbéciles à qui il faut tout expliquer...

BAT

Eh bien, faites-moi la grâce de me considérer un instant comme un imbécile et expliquez-moi.

JEAN

Enfin quoi, les industriels, ce n'est pas la peine de les consulter, ils sont toujours prêts, c'est évident. Une guerre, pour eux, c'est tout avantage; on admet, vous le savez comme moi, que la grosse industrie métallurgique s'y intéresse spécialement : les raisons sautent aux yeux : une pelle à vapeur, une locomotive, ça met des années à s'user; ce n'est pas mal parce que ça fait du tonnage, mais c'est bien moins intéressant que des canons; des canons, ça s'use tout de suite, et du même coup ça sert à détruire les pelles à vapeur et les locomotives dont on peut par la suite racheter la ferraille pour presque rien... Enfin, ça va de soi, qu'il n'y a pas de difficultés pour les industriels; écoutez, ne me forcez pas à vous mettre les points sur tous les i.

....

BAT

Enfin, entre nous, c'est exagéré tout ça. Ces généraux. Ce goûter. Ce Président du Conseil ridicule.

JEAN

Ce n'est pas ridicule, un Président du Conseil?

BAT

Si, mais pas comme ça. Non... vraiment; c'est un peu gros.

JEAN

Les choses paraissent toujours un peu grosses quand on les regarde à la loupe.

BAT

Ah! assez de jeux d'esprit.

JEAN

Ça vous ennuie, hein? Ce n'est pas sérieux non plus. Vous voulez que je vous dise, ce que j'aurais dû faire? Vous voulez que je vous l'explique, ce que vous attendiez de moi? d'une pièce sur la prochaine, plutôt — parce que de moi, vous ne devez plus attendre grand-chose... Je ne suis pas fréquentable, au fond, peut-être même un danger pour la littérature... un tout petit danger, bien sûr, comme une punaise, un parasite, un pou... Mais enfin, un pou ça peut arriver à vous coller la peste, vous avez dû apprendre ça dans les journaux que vous lisez. *Sélection* ou *Constellation*... Ça va du rat à l'homme et ça véhicule le typhus, et des tas de machins contagieux, les poux. C'est vraiment des sales bêtes; ça tue même quelquefois plus que la guerre... vous savez, les vaccins antityphiques en 17, et le DDT en 40... tout ça, c'est contre les poux... alors ça m'est égal d'être un pou... faut compter aussi avec eux, c'est l'essentiel.

FRANCINE

Jean, je t'en prie... calme-toi! Viens, rentrons...

JEAN

Je suis calme, mais je ne veux pas que ce type me prenne pour un crétin.

BAT

Je ne vous prends pas pour un crétin.

JEAN

Si, vous me prenez pour un crétin. Pour un type qui vit dans un rêve. Qui ne voit pas ce qui se passe. Naturellement, vous ne pouvez pas m'attaquer sur le principe; vous le savez très bien que la guerre c'est un problème qu'on peut évoquer au théâtre; vous les avez lues aussi, les pièces du répertoire, de Sophocle à Paul Raynal en passant par Jarry... Mais enfin, au moins, elles sont plausibles ces pièces-là... Il y a toujours un dictateur, un tyran, un roi, un général avec pleins pouvoirs, enfin un type dont on peut décemment croire qu'il est responsable. Et il a un grand cabinet de travail, avec des livres, et il médite, et il se pose de vaches problèmes, des problèmes Humains avec un grand H; faut-il couper le cou à untel bien qu'il ait risqué de miner le moral du régiment en insultant l'adjudant Tartemol, ou faut-il punir celui-là parce qu'il a sauvé ses hommes, mais au mépris du règlement; et là-dessus, on ajoute l'élément Humain avec un grand H. Mais cette fois un H comme dans Hamour, et il se trouve que l'individu en question, ce pelé, ce galeux, est justement le fruit des amours du général et d'une grande dame voilée qui a passé trois jours vingt ans plus tôt dans une casemate où le dictateur futur pourrissait sur une vieille mitrailleuse pour défendre à lui seul et avec succès la route du fer que les méchants poldèves voulaient couper. Ça c'est un bon sujet de pièce sur la guerre. Ou alors on prend un événement solide, sûr, un truc comme la guerre de Troie, et on construit un modèle d'ingéniosité en posant la question : aura-t-elle lieu ou non? Ça c'est bon; parce que ça permet un titre finement ironique, une contre-vérité, en quelque sorte... la guerre de Troie n'aura pas lieu; c'est fameux parce que même le dernier des pédezouilles de Carpentras, il sait qu'elle a lieu, la guerre de Troie, vous pensez; alors il rit sous cape parce qu'il connaît la fin... et il a l'impression de couillonner les malheureux qui se débattent devant lui, deux mille ans dans le passé; il les possède, ces pauvres types... Mais la guerre à lui, hein? Eh ben moi ça ne me plaît pas, ça... et le jour où je ferai une pièce sur Jeanne-d'Arc, Monsieur Bataillard, eh bien il y aura Erroll Flynn qui arrivera à la fin et qui l'emmènera dans une Packard; et je vous garantis que personne ne sera choqué parce que le passé, ça n'a rien de sûr, et que l'histoire, ce n'est pas un perpétuel recommencement, et que les Pyrénées il y en a toujours, et que... oh... et puis, je perds mon temps... et que après tout, je ne sais pas pourquoi je vous dis tout ça, parce qu'au fond, moi, Monsieur Bataillard, je vous emmerde... moi j'écris des pièces comme ça... je vis en 51. Vous vous êtes vieux, vous êtes tous vieux... Mourez en paix...

[*Sc.* 2] *Hubert, un journal à la main, entre en trombe chez son patron et annonce la déclaration de guerre entre la France et le Continent africain selon les dernières déclarations du Général Septembre, ex-représentant du Gouvernement français au Maroc...*

FRANCINE

Jean... ce n'est pas vrai... tu inventes... tu inventes.

(*Elle se lève et saisit le journal.*)

C'est vrai... Comment ont-ils pu... Comment ont-ils pu...

(*Elle fond en larmes — Bataillard se lève, lui tapote le dos pendant que le rideau tombe.*)

BATAILLARD

Ce n'est rien, mon petit... ce n'est rien... Allons... faites risette... on vous donnera un bel uniforme.

RIDEAU

Depuis *Hamlet* et *l'Illusion Comique*, l'idée de représenter le théâtre au théâtre n'est plus une nouveauté. La solution du T. S. Boris Vian a toutefois son originalité. Car, cette fois, c'est en vue d'une représentation théâtrale que le théâtre est représenté au théâtre. On atteint donc ici mieux que la 2e *puissance*, comme nous le disions; il s'agit du « *Théâtre au cube* ». Et une des intentions de l'auteur semble bien avoir été de mêler inextricablement le théâtre à la réalité; car il fait apparaître la réalité du théâtre sous sa forme la plus directe en rappelant au spectateur l'histoire de toute pièce jouée — et en même temps il fait ressortir par la présentation même le caractère factice et théâtral de toute réalité, son caractère « emprunté », pour tout dire. Idée chère à Jarry, on le sait, mais qu'il n'avait certes jamais songé à manifester sous cette forme extrêmement ingénieuse. Avec ce raffinement supplémentaire que les événements extérieurs viennent s'aligner sur la fiction théâtrale. Pour compléter le jeu dialecticopataphysique, il n'y aurait plus qu'à souhaiter de voir la Première de la pièce un jour de Mobilisation Générale!

Sauf son choix indubitable et justifié en faveur de la Seconde Version, nous ne savons rien des intentions de l'auteur au sujet de la version éliminée. Mais il est permis de penser, en considérant le soin avec lequel il en avait conservé le manuscrit et les dactylographies, dédiés à la Régente Ursula Vian-Kübler, qu'il n'avait pas tout à fait abandonné le projet d'utiliser un schéma aussi intéressant et aussi conforme à son génie spécifique.

Raphaël OSSONA DE MENDEZ.
Vice-Protodataire de la Rogation.

TABLE DES MATIÈRES

N° d'édit. 392.
Dépôt légal: 1er trimestre 1971.

Imprimé en Italie
par La Nuova Stampa di
Mondadori - *Cles (TN)*

BORIS VIAN

10 mars 1920. — Naissance à Ville-d'Avray de Boris Paul Vian. Il aura deux frères et une sœur. Son père est fabricant de bronzes.

1932. — Début de rhumatisme cardiaque. En 1935, typhoïde mal traitée.

1935-39. — Baccalauréat Latin-Grec, puis Math Elem. Prépare le concours d'entrée à l'Ecole Centrale. S'intéresse au jazz et organise des surprise-parties.

1939. — Entre à Centrale. En sort en juin 1942 avec un diplôme d'ingénieur.

1941. — Epouse Michelle Léglise. Commence « Les Cent Sonnets ».

1942. — Naissance d'un fils, Patrick.
Entre comme ingénieur à l'AFNOR.

1943. — Ecrit *Trouble dans les Andains* (publié en 1966).

1944-45. — Publie ses premiers textes sous les pseudonymes de Bison Ravi et Hugo Hachebuisson. Termine *Vercoquin et le Plancton* (publié en 1947).

Début 1946. — Quitte l'AFNOR pour travailler à l'Office du Papier. Termine le manuscrit de *L'Ecume des jours* (publié en 1947). Rencontre Simone de Beauvoir et Sartre.

Mai-Juin 1946. — Commence la Chronique du menteur aux *Temps modernes*. Ne reçoit pas le prix de la Pléiade.

Août 1946. — Rédige *J'irai cracher sur vos tombes* qui est publié en novembre sous le nom de Vernon Sullivan et qui devient le best-seller de l'année 1947.

Sept. à nov. 1947. — Ecrit *L'Automne à Pékin* (publié en 1947).

1947. — Ecrit *L'Equarrissage pour tous,* pièce dont l'action se passe non loin de Cerisy.
Vernon Sullivan signe *Les Morts ont tous la même peau.*

1948. — Naissance d'une fille, Carole.
Adaptation théâtrale de *J'irai cracher. Barnum's Digest ; Et on tuera tous les affreux* (le 3e Sullivan).

1949. — *Cantilènes en gelée ; Les Fourmis.* Période de crise.

1950. — Représentation de *L'Equarrissage* (publié peu après avec *Le Dernier des Métiers.*

L'Herbe rouge (commencé en 1948) ; *Elles se rendent pas compte* (Sullivan). Mise au point du *Manuel de Saint-Germain-des-Prés* (publié en 1974).

1951. — Ecrit *Le Goûter des Généraux,* représenté en 1965.

1952. — Nommé Equarrisseur de 1re classe par le Collège de Pataphysique. Devient plus tard Satrape. Divorce avec Michelle. Période de traductions.

1953. — *Le Chevalier de neige,* opéra, présenté à Caen. *L'Arrache-Cœur* (terminé en 1951).

1954. — Mariage avec Ursula Kubler, qu'il avait rencontrée en 1949.

1954.59. — Période consacrée à des tours de chant, des productions de disques, etc.

1956. — *L'Automne à Pékin,* version remaniée.

1957. — Vian écrit *Les Bâtisseurs d'empire* (publié et joué en 1959).

1958. — Parution d'*En avant la zizique.* Fin de la revue de presse donnée depuis 1947 dans *Jazz-Hot.*

1959. — Démêlés avec les réalisateurs du film *J'irai cracher sur vos tombes.* Rôle dans des films.

23 juin 59. — Mort apparente du Transcendant Satrape.

8163